AF372053

Origen e historia íntima del flamenco

José Ruiz Mata

Origen e historia íntima del flamenco

ALMUZARA

Se trata (el flamenco) de un canto netamente
andaluz que existía antes de que los gitanos
llegaran, como existía el arco de herradura
antes de que los árabes lo utilizaran como
forma característica de su arquitectura. Un
canto que ya estaba levantado en Andalucía,
desde Tartesos, amasado con la sangre del
África del Norte y probablemente con vetas
profundas de los desgarraos ritos judíos,
padres hoy de toda la gran música esclava.

Federico García Lorca, *Arquitectura del cante jondo.*

A mi nieto Leo

Índice

Introducción

Desde hace tiempo nos venimos planteando algunas preguntas sobre el origen del flamenco, ya que a lo que nos indica la Historia, o el imaginario colectivo, le encontramos ciertas contradicciones que no logramos entender. Según nos dicen, el flamenco surge de la unión del pueblo gitano con el andaluz, y a nosotros no nos cuadra.

Lo que sí nos cuadra es que a Andalucía siempre se le ha intentado arrebatar cualquier tipo de cultura que la singularice y, en la historia, siempre han buscado que sea un pueblo exterior el que llega para producir los diferentes avances: teorías difusionistas para el Neolítico y Edad del Bronce, los fenicios para la creación de Tartesos[1] o los árabes para la conformación de Alándalus. En esta ocasión, con respecto al flamenco, la manera de enajenarlo es decir que es un arte perteneciente a un pueblo venido de la India, aunque lo maticen diciendo que fue en consonancia con el pue-

---

1 Sobre este tema ver *Tartesos, otra mirada*; José Ruiz Mata; editorial Almuzara; Córdoba, 2009.

blo andaluz, aunque no exista ni un solo gitano fuera de Andalucía que cante algo ni siquiera parecido.

El pueblo gitano se extiende por casi todo el centro y sur de Europa; sin embargo, como acabamos de decir, no existe ningún folclore de este pueblo, fuera de Andalucía, que se parezca ni remotamente al flamenco. ¿Tal fue el reactivo que supuso la unión gitano-andaluza para que se diese una música tan particular? Creemos que es muy difícil, por no decir imposible. Por contra, encontramos una cercanía o concordancia en determinados términos flamencos con palabras andalusíes, así como observamos diversos lazos de entronque entre el flamenco y algunas formas folclóricas antiguas, como el verdial malagueño, el chacarrá o la zambra, y ciertas reminiscencias en las jarchas, los zégeles y en la música que se conserva en el Magreb, que nos hacen pensar en un origen diferente para el cante flamenco.

Por otro lado, tenemos que el flamenco es propio de los arrabales urbanos y los gitanos han sido tradicionalmente errantes con poca inclinación a asentarse en población alguna, les iba en ello la pérdida de su identidad como pueblo. Es más, en la época en que surge el flamenco existía poco contacto estable entre la población gitana, itinerante, y el pueblo que habitaba en ciudades; por lo que este maridaje no pudo ser tan frecuente como para que surgiera un arte común tan profundo.

El flamenco aparece en Jerez y se desarrolla en unos primeros momentos en el eje Cádiz-Sevilla, o lo que es lo mismo, en la orilla occidental de lo que fue el lago Ligustino, hoy las marismas del Guadalquivir. Lugar en que desde muy antiguo se asienta un pueblo que fue tartesio, luego turdetano, romano, musulmán, cristiano, pero que, a pesar de tantos cambios políticos y religiosos, de tantas influencias a las que se ha visto sometida esta tierra, ha conservado su acervo, una forma de entender la vida, de concebir el arte, que lo singulariza. Aunque existan muchos interesados en cortar esta comunicación, como pueblo, con la antigüedad, a pesar de que a cada cambio, bien económico, político o religioso, digan que los habitantes se han renovado, que a cada etapa de la Historia todos los anteriores pobladores o se han muerto o se han marchado. De esta forma, parece que Andalucía que sufre una constante y recurrente repoblación en su historia, donde desaparece hasta la genética de unos individuos con la llegada de los nuevos. No obstante, se evidencia una similitud reveladora y sugerente de los antiguos pobladores con los actuales, como si fueran los mismos en significativos aspectos. Habrá quien diga que es fruto del clima, de la orografía, pero las diferencias con otros pueblos cercanos son tan grandes como lo es el parecido que mantiene con sus antepasados.

Existen ejemplos que así lo insinúan. La diosa Astarté se representaba gráficamente como un triángulo con una línea trasversal a modo de brazos, un redondel encima como cabeza y media luna sobre ella; la Virgen del Rocío[2], figura a un triángulo con un redondel encima y la media luna a sus pies; Astarté era virgen y a la vez madre de la naturaleza, la del Rocío también es virgen y pastora de las marismas; el atributo de Astarté era la paloma blanca, a la otra se le llama la Blanca Paloma. Si a esto unimos que tanto a la una como a la otra

---

2   Resulta significativo que los almonteños no saquen a la Virgen de una manera al uso, sino que salten la reja por la noche para hacerse con ella. Esto nos recuerda a la exogamia o rapto de las vírgenes fuera de la tribu, para así regenerar la sangre, practicada durante el paleolítico y el neolítico; quizás por ello, porque únicamente podían ser los miembros de una misma comunidad los raptores, que este acto lo realicen exclusivamente los almonteños.

se la adora, o adoraba, en el mismo lugar marismeño, antes un santuario ahora una ermita, la continuidad de ambas, aunque cambiando de religión, nos parece muy clara. No es casual que, según la leyenda, a la Virgen del Rocío la encontrara un almonteño justo cuando la Iglesia se iba imponiendo sobre el paganismo. En un santuario en la Algaida, Sanlúcar de Barrameda, ha aparecido una estatuilla, datada entre los siglos VI y IV a. n. e., en la que se representa una diosa, posiblemente Astarté, con un niño en brazos; si en vez de verla en el museo de Cádiz la viésemos en una iglesia, nadie dudaría de que es una Virgen. De esto se desprende una relación sincrética en la que no existe nada nuevo, sólo adaptaciones de cultos antiguos.

La forma triangular de los mantos de las vírgenes en los desfiles procesionales puede tener origen parecido; así como el notorio culto a vírgenes negras que existe en esta tierra y que la Iglesia, aunque se lo propuso con empeño, no ha podido desarraigar[3]. Lo de las vírgenes negras es una realidad que encierra una conciencia colectiva conectada con los tiempos paganos. A nadie se le puede ocurrir, por muy antirracista que sea, que la Virgen María hubiese tenido alguna posibilidad de ser negra, por lo que tendríamos que ver en ese culto un recuerdo a diosas como Isis Negra, con la que Astarté comparte muchas similitudes.

Otra característica religiosa es la costumbre de portar a los titulares religiosos de cada época en procesión sobre andanas o pasos. Aparte de las que suponemos romerías a los diferentes santuarios, entre ellos al del antiguo Rocío, se tienen noticias de cómo se sacaban

---

3   Como ejemplos podemos citar a la Virgen de la Merced, patrona de Jerez; la Virgen de Regla, en Chipiona; Nuestra Señora de la Cabeza, en Andújar. La negrura de la Merced la justifican diciendo que se encotró en el fondo de un horno de cal.

en procesión a las diosas Astarté o Juno en la época romana. Precisamente las actuales patronas de Sevilla fueron condenadas por derribar, al grito de: «Ya está bien de adorar a falsos ídolos», una parihuela en la que conducían a Astarté en procesión. Incluso la Iglesia de su tiempo tuvo reservas a la hora de proclamarlas mártires, ya que su acto no estaba considerado de defensa de su fe sino una provocación para ser martirizadas. Si quisiéramos extrapolar su acción a la actualidad, imaginemos lo que le ocurría al intrépido que, en la madrugada del Viernes Santo sevillano, se le ocurriera volcar el paso de la Macarena; mártir sería poco.

Marco Valerio Marcial (Bilbilis —actual Calatayud—, 40-104), nos relata[4]: «Diestra en marcar posturas lascivas al son de las castañuelas de la Bética y en bailar los ritmos de Gades, Teletusa, que podría ponérsela tiesa al tembloroso Pelías y excitar al marido de Hécuba en el funeral de Héctor, abrasa y atormenta a su dueño anterior, la vendió como esclava, ahora la vuelve a comprar como ama». Este texto de Marcial nos recuerda a ciertos bailes flamencos, como la bulería o las alegrías, en tiempos tan tempranos como el siglo primero de nuestra época y nos presenta las castañuelas, algo tan propio de Andalucía y que él señala como de la Bética; por lo que las castañuelas han debido ser un instrumento utilizado en esta tierra desde tiempos inmemoriales.

También Marcial y el historiador Polibio dejaron escrito que, para entretener al general Metelo durante las guerras sertorianas, varias doncellas y mancebos cordobeses le cantan canciones que algunos historiadores actuales sugieren que, por el estilo, no debería andar lejos del actual cante flamenco.

---

4 Marcial, *Epigramas*, 6, 71.

Asimismo Cicerón[5] (Arpino, 106 a.n.e.–Formia, 43 a.n.e.) nos dejó escrito sobre los poetas de Córdoba y critica su afectada retórica. Comentario que podría referirse a algunos poetas cordobeses no tan antiguos, sólo que ahora se utiliza el término barroco.

Estrabón escribió acerca de un personaje egipcio del siglo II a. n. e., Eudoxos, que embarcó desde Cádiz hacia otras zonas del Atlántico a muchachas, posiblemente para mercadear con sus dotes como cantantes, instrumentistas o bailarinas con castañuelas.

Estas referencias a la antigüedad nos sirven para comprobar que nuestra idiosincrasia como pueblo, e incluso muchas de las personales, anclan sus raíces en tiempos pasados, que somos la continuidad de un pueblo que se estableció en el bajo Guadalquivir hace varios milenios y que ha ido evolucionando gracias a las conquistas[6], migraciones y el lógico correr del tiempo. Sin matanzas absolutas, sin deportaciones masivas, sin desapariciones de culturas, sin repentinas subidas ni bajadas de telón; nuestra historia, como la de cualquier pueblo, no tiene generación o desaparición espontánea; una época es el lógico desenlace de otra pretérita y ésta la preparación para la siguiente, con el hilo conductor del pueblo que la sostiene. En la Historia nada se presenta sin solución de continuidad.

Una etapa que ha influido mucho en nuestro actual concepto de la vida, mucho más de lo que suponemos,

---

5   Cicerón, *Defensa de Arquias*, 10, 26.

6   Decimos conquistas para diferenciarlas de las invasiones. Para nosotros, la conquista la ejecuta un ejército sobre un pueblo, como ejemplo para Andalucía: la romana, la visigoda, la bizantina, la almorávide, la almohade, la francesa. Por contra, la invasión la consideramos como la de un pueblo que se apodera de la tierra de otro para expulsarlo, subyugarlo o compartir la existencia. En Andalucía no tenemos noticias de que ningún pueblo la haya invadido, la árabe de 711 ya veremos que no fue tal y, en el peor de los casos, sería también una conquista, ya que se trataría de un ejército, no de caravanas con mujeres y niños.

es la andalusí. Pero éste no es el lugar para aclarar la naturaleza de Alándalus, para explicar la inexistencia de una invasión por parte de la caballería árabe[7], para demostrar el desarrollo occidental y europeo de la cultura andalusí, para decir que la llamada Reconquista fue en realidad la unificación de España por parte de Castilla[8], para hacer ver que los andaluces somos herederos de lo andalusí, no de una improbable y absurda repoblación castellana, para demostrar que el trasiego con el norte de África ha sido y será constante por mucho que ahora queramos volverle la espalda.

Cuando Sevilla fue conquistada por Fernando III, gracias a la inestimable ayuda del reino musulmán de Granada, en el año 1248 y Jerez en 1264 por Alfonso X, ambas pasaron a formar parte de la naciente España. En esa época las relaciones entre musulmanes y cristianos no se pueden extrapolar a los conceptos que tenemos de siglos posteriores en los que la Iglesia va a imponer a sangre y fuego su dogma sobre las demás religiones. Castilla conquista todos los reinos de la Península, a excepción de Portugal porque no pudo, sin importarle la religión que profesaran sus reyes; su fin era crear una única nación bajo su dominio y, sobre todo, ir sumando territorios que le pagasen impuestos.

Este dato es importante porque de las primeras conversiones van a surgir parte de los que luego serán cristianos viejos, aquellos que mutarán sus apellidos como: Quzmán, Abbad, Rummân, Marín; por: Guz-

---

7   Para información sobre este tema de la no existencia de conquista árabe en 711, se recomienda el libro de Emilio González Ferrín, *Historia general de Al Ándalus*; editorial Almuzara; Córdoba, 2006. También emplazamos al libro *Al Ándalus, la historia que no nos contaron*; José Ruiz Mata; editorial Almuzara; Córdoba, 2018.

8   Sobre la creación del reino de Castilla es interesante consultar el libro *Mozárabes en los orígenes de los reinos cristianos*; Francisco de Borja García Duarte; editorial Almuzara, 2017.

mán, Abad, Román, Marín o Martín y se someterán al rey castellano para obtener sus beneficios o conservar sus haciendas. Musulmanes que pronto abrazarán el cristianismo y repintarán sus blasones para adaptarse a los nuevos tiempos.

De cualquier manera, en el presente estudio tenemos conciencia de que no se descubre nada nuevo, sólo es nuevo lo que se mira con otros ojos. Tampoco queremos cerrar ningún tratado, tan sólo es nuestra intención la de aportar datos, unos ya sabidos, aunque ninguneados, otros de cosecha propia, y relacionarlos para suscitar unos estudios sobre Andalucía que tanta falta hacen y desmontar así las incoherencias que se dan por buenas porque le interesa a la oficialidad.

Los moriscos

Si defendiendo nuestra libertad muriésemos peleando
La madre tierra recibirá lo que produjo
Y al que faltare sepultura que lo esconda
No le faltará cielo que lo cubra
No quiera Dios que se diga
Que los hombres de Bentomiz
No osaron morir por su patria

Ibn Humeya[9]

La figura histórica del morisco nace a raíz de la nueva derrota de los musulmanes, hasta ese momento mudéjares[10], tras la sublevación producida en el Albaicín a finales de 1499 y, posteriormente, en las sierras del Reino de Granada, a causa de la intolerancia del car-

---

9   El día de Nochebuena de 1568, los moriscos revelados en el Reino de Granada, proclamaron en Bézmar como rey a don Hernando de Córdoba y Válor, con el nombre de Muley Muhammad aben Humeya, conocido por los castellanos como Ibn Humeya.

10 Estatus emanado de las Capitulaciones de Granada de 1491, signadas entre los Reyes Católicos y Boabdil.

denal Cisneros y de los abusos y exacciones de las autoridades castellanas.

Pero la palabra morisco[11] encerrará pronto otra connotación: la de criptomusulmán; que es el converso que públicamente atiende a la nueva religión pero que en intimidad sigue con sus prácticas musulmanas. Se amparaban para ello en la *taqiyya,* la disimulación a la que se podían acoger los creyentes musulmanes cuando se vieran coaccionados o amenazados de peligro, ocultando sus propias convicciones, siempre que existiera la intención íntima de mantenerse en su fe islámica.

Tras un intento de asimilación evangelizadora, por parte del jerónimo fray Hernando de Talavera, sin visibles resultados, y guiado por el principio de «un solo pastor, un solo rebaño», llega a Granada, en 1499, el franciscano Francisco Ximénez de Cisneros, arzobispo de Toledo. Éste, con su desproporcionado celo, puso de manifiesto la inviabilidad de unas capitulaciones que habían creado el ilusorio montaje de dos religiones antagónicas bajo un único Estado. La formación teológica del cardenal Cisneros, que preceptuaba el bautismo del infiel a cualquier precio, y su apuesta por la razón de Estado, se pusieron en práctica con medidas de una ferocidad impropias.

Las Capitulaciones de Granada se convirtieron en papel mojado poco tiempo después de su firma. La ofensiva evangelizadora, primero por asimilación del arzobispo fray Hernando de Talavera y luego represiva del cardenal Cisneros, junto a abusos y exacciones de todo orden, fueron el detonante de las rebeliones mu-

---

11 El morisco es el musulmán español que se ha convertido recientemente al cristianismo, por lo que ya es cristiano. Como marrano servirá para denominar al converso judío. Esto traerá problemas derivados de si el sacramento del bautismo hace o no a nuevos hombres.

déjares de 1499-1500. Sofocadas por las tropas cristianas, el precio de la derrota fue la obligada conversión de todos los mudéjares a la fe cristiana. La Corona, por decreto de 1502, sentencia un nuevo orden para los musulmanes: la conversión o el exilio. De esa forma aparece el status de morisco, que en su sentido más propio es el cristiano nuevo de musulmán.

Aun así, la coexistencia entre la comunidad cristiana nueva, o morisca, y la cristiana vieja, no fue posible porque nunca se entendió como un sistema basado en relaciones igualitarias sino entre dominantes y dominados, entre vencedores y vencidos.

Desde 1502 los moriscos debieron pagar, bajo diferentes formas, el «precio de la fe», una fuerte tributación a cambio de preservar sus señas de identidad. Asimismo, se transformaron las mezquitas en iglesias, aunque sólo en su imagen externa.

La política represiva por parte de las autoridades cristianas aumentó la presión en 1526, cuando una provisión real de Carlos V decretó la suspensión de todas las manifestaciones culturales musulmanas o moriscas. Para su cumplimiento ya se había creado el principal instrumento de control ideológico: un tribunal del Santo Oficio de la Inquisición para el Reino de Granada.

Igualmente, lesivos para la comunidad morisca fueron los continuos abusos de los burócratas, jueces, militares e, incluso, particulares que trataron de imponer su estatuto de grupo dominante. Por contra, los señores actuaron como defensores de sus vasallos moriscos a cambio de mantener los ingresos que les proporcionaban sus haciendas.

En general, el campesino se mantuvo fiel a su cultura, tradiciones y, a veces, religión, mientras buena parte de la elite morisca quedó seducida por el nuevo poder cristiano y se integró plenamente en la sociedad castellana. Los denominados «moriscos asimilados» fueron fundamentalmente los de las capas altas de las ciudades y poblaciones rurales de cierta importancia.

Ya hemos dicho que la cristianización forzosa no hizo perder la tradición islámica, pero el paso del tiempo provocó formas de religiosidad a caballo entre ambas religiones, al menos en las zonas urbanas más en contacto con los vencedores. En este contexto se deben entender los libros plúmbeos aparecidos en el Sacromonte, conservados hoy en su abadía, con los que intentaban crear una tradición que convertía a los árabes en los primeros cristianos de España.

En 1565, un sínodo provincial reunido en Granada acordó romper la vía evangelizadora pacífica y optar por la represión mediante la implantación de las anteriores medidas, en suspenso por el pago de 80 000 ducados a la Corona, de 1526. Mientras, una junta de teólogos y juristas de Madrid aceleró aún más las medidas represivas contra los musulmanes, sus trabajos quedaron plasmados en la pragmática real de 1567, por la que se obligaba a que, en el plazo de un año, todos los musulmanes fuesen cristianos y, además, lo pareciesen. Por lo cual, se les obligaba a abandonar por completo todos los rasgos culturales que los identificaban: ropas, lengua, bailes, costumbres y tradiciones.

El fracaso de los intentos negociadores enfrentó a la comunidad morisca a una disyuntiva: esperar a que la situación cambiase a su favor o rebelarse contra Felipe II. El Albaicín y, sobre todo, las Alpujarras fueron escenarios de los estallidos de una sublevación que tuvo su preludio el 23 de diciembre de 1568 y que con gran rapidez se extendió por todo el Reino de Granada. El día de Nochebuena los rebelados proclamaron en Béznar a Hernando de Córdoba y Válor como rey con el nombre de Aben Humeya, el cuál, según los cronistas de la época, hizo un llamamiento a restablecer la paz con estas palabras: «¿Podremos negar que no tenemos agua de baptismo como ellos? ¿Negaremos que no somos vasallos súbditos naturales del rey Felipe? Pues tampoco podremos negar que la premática que tanto nos ha alborotado no fue hecha sino a buen fin, aunque nos ha parecido grave. ¿No veis que ni somos bien moros ni bien cristianos? Pues si esto es así, cierto es haber ofendido con este levantamiento a Dios primeramente y después a nuestro rey [...] Esta que llamáis libertad será muy bien trocada por la paz».

La guerra de 1568 o guerra de las Alpujarras fue desproporcionada por el ingente grupo de moriscos —hombres, mujeres y niños— que se esclavizaron o masacraron en los asedios y cercos, en los que las cuadrillas cristianas no tuvieron en la lucha otro horizonte que la captura de un botín, sobre todo botín humano a quien prender para venderlo. En esta contienda aparecen los *monfíes*, moriscos que se echan al monte, a los que se consideran los primeros bandoleros y que recuerdan a los maquis de la Guerra Civil del 36.

La suerte de los vencidos fue la deportación masiva hacia tierras castellanas y andaluzas. Ya fuesen «moriscos de paces», los de territorios no rebelados, o «reducidos», los sublevados. Se calcula que unos 80 000 moriscos abandonaron el Reino de Granada, algo más de la mitad de los existentes antes de la contienda. El camino del destierro lo afrontaron en lastimosas condiciones, soportando los rigores del invierno, mal alimentados, muchos de ellos enfermos y sin medios de transporte.

Aunque la previsión inicial era distribuirlos por el noroeste peninsular, finalmente se concentraron fundamentalmente en Andalucía, La Mancha, Extremadura, Murcia y Castilla la Vieja. Sólo tres grupos de moriscos se quedaron en el Reino de Granada: los pertenecientes a la elite, los esclavos, los niños en administración y los expertos en sistemas hidráulicos y trabajos de la seda.

A finales del siglo XV, anterior a la conversión forzosa al cristianismo, la población mudéjar en la Andalucía Bética era muy escasa y con una existencia sin conflictos. Ya habían pasado muchos años desde la conquista castellana y la mayoría de los antiguos musulmanes habían sido asimilados. También hay que tener en cuenta que los intereses religiosos y las razones de Estado del siglo XIII[12], cuando esta zona fue conquistada por Castilla, no se parecían en nada a los del XVI.

Esta situación de normalidad se vio truncada en 1570 con la llegada de unos 20 000 moriscos granadinos a las tierras andaluzas del Guadalquivir, a los que habrá que añadir los provenientes de otros lugares de la Península como Hornachos. El plan de expulsión inicial contemplaba tres fases: primera, reunión y agrupamiento de los moriscos en sus localidades de origen y, luego, en núcleos señalados a tal efecto; segunda, envío de grupos muy numerosos hacia Albacete y Sevilla, por tierra y por mar; y tercera, dispersión por Castilla con el fin de alejarlos lo más posible de la costa mediterránea y del Reino de Granada. La última parte del plan fue abandonada por diferentes razones, tanto de logística, problemas con el tiempo, como de organización.

Muchos miles de moriscos se dispersaron por Andalucía, pero aquí nos interesa, a causa de su destino en el Bajo Guadalquivir, un cargamento que partió de

---

12 Como ejemplo nos sirve que, tras la conquista de Toledo por Alfonso VIII, este rey dejó en el gobierno civil de la ciudad a los mismos que estaban antes.

Almería y Vera con 11 500 moriscos, de los que sólo llegaron a Sevilla unos 5 500, los restantes se perdieron entre fugas, naufragios, enfermedades, y otras vicisitudes de la travesía. Ya en los primeros días de estancia en Sevilla se escaparon unos 1 200. Tras permanecer en esta ciudad durante algún tiempo, para trasladarlos al norte de África, el Ayuntamiento hispalense solicita al Gobierno alguna solución al problema, pues el mantenimiento, solo en comida, de tantos individuos había vaciado las arcas del consistorio; aparte de que la sanidad de la ciudad se estaba resintiendo al tener que atender los médicos a tan alto número de personas. La sanidad fue un problema, tenían la obligación de cuidar de los moriscos, no solo por caridad sino, fundamentalmente por miedo a que el hacinamiento provocase un brote epidémico. El Gobierno, que para entonces estaba en otros asuntos bélicos, se había olvidado de los moriscos hacía tiempo, por lo que contestó que ese era un asunto que debía solucionar el propio ayuntamiento de Sevilla. La solución estuvo en repartir a los moriscos por las distintas ciudades y pueblos del reino de Sevilla. Suponemos que siendo Jerez la ciudad de mayor población de ese reino, después de la capital, y siendo su economía fundamentalmente agrícola, le debió tocar en suerte un buen número de moriscos.

El cabildo de Jerez se hizo eco, el 31 de marzo de 1579, de las protestas del vecindario «por haber mucha cantidad de esta gente morisca granadina»[13].

La expulsión definitiva de los moriscos andaluces se produjo en 1610, pero aquí, a diferencia de Valencia, el Bando ordenaba «que los muchachos y muchachas

---

13   Padre fray Esteban Rallón; *Historia de Xerez de la Frontera y de los reyes que la dominaron desde su primera fundación.*

menores de quatro años de edad que quisieran quedarse, y sus padres o curadores (siendo huérfanos) lo tuvieren por bien, no serán expedidos»; el motivo de esta orden era continuar con su adoctrinamiento. También contemplaba el Bando la desarticulación familiar «los muchachos y muchachas menores de seys años que fueren hijos de Christiano viejo se han de quedar, y su madre con ellos, aunque sea Morisca. Pero si el padre fuere Morisco, y ella Christiana vieja, él será expelido, y los hijos de seys años quedarán con la madre».

Los efectos negativos en Andalucía se acusaron en aquellas localidades con mayor densidad de población morisca. En el ámbito económico se perdió una mano de obra laboriosa y barata. Sin embargo, Rodríguez Ortiz señaló que fue en Andalucía donde permanecieron más moriscos, ya fuera por la gran extensión de la esclavitud, ya fuera por las peticiones de los consejos municipales de eximir de la partida a su población morisca, alegando motivos económicos, ya fuera porque demostraron estar sinceramente cristianizados.

El Santo Oficio de la Inquisición

La verdad de una creencia indemostrable
está en razón directa del número de quienes
creen en ella o tienen que hacer como que
creen en ella por uno u otros motivos.

Américo Castro

La dilatada andadura de la Inquisición en tierras andaluzas comenzó dos años después de que el papa Sixto IV otorgase a los Reyes Católicos la facultad de designar a los primeros inquisidores en sus dominios. Los elegidos fueron los dominicos Miguel Morillo y Juan de San Martín, quienes se trasladaron a Sevilla y comenzaron a desarrollar los cometidos que se les había asignado, conforme a lo recogido en el edicto de 1480.

El celo y la severidad con que empezaron los inquisidores quedan fuera de toda duda. Los excesos llegaron a oídos del papa, quien en 1482 indicó a los reyes que aquellos habían actuado sin adecuarse a lo establecido en Derecho. Igualmente, se les acusaba de haber ordenado el encarcelamiento de muchos inocentes, a los que condenaban como herejes a penas de muerte y confiscación de sus bienes. Pese a los abusos cometidos, dichos inquisidores no fueron privados de sus oficios.

Seis personas inauguraron el quemadero de Tablada el 6 de febrero de 1481 acusados de herejes, los cuales fueron metidos en los llamados «cuatro profetas», «cuatro grandes estatuas huecas de yeso [...] dentro de las cuales metían vivos a los impenitentes para que murieran a fuego lento». El segundo auto fue a finales de abril de ese mismo año. En auto del 9 de mayo de 1484 «llevaron en procesion noventa e quatro omes e mugeres para poner en cárcel perpetua en el castillo de Triana porque fueron condenados por erejes».

Según el cronista Ortiz Zúñiga[14], noticias que extrajo de una placa que había en la puerta del castillo inquisitorial de Triana, entre 1481, que se instruyen los primeros procesos en Sevilla, hasta 1524, se quemaron en esta ciudad a más de mil personas y otras veinte mil abjuraron.

En 1482 fue fundado el Santo Oficio de Córdoba, que en 1504 realizó el auto de fe más cruento ejecutado hasta entonces por Inquisición, con la quema en la hoguera de 107 personas condenadas como falsos conversos. Pero será a partir de 1580 cuando se produce en este tribunal un mayor endurecimiento de las medidas adoptadas contra los moriscos, a causa de su expulsión del Reino de Granada.

El tercer tribunal creado fue el de Jaén, en 1483, y luego el de Jerez, en 1491, que regresó al de Sevilla, del que se había segregado, en 1507. Jerez era una importante ciudad agropecuaria que aportaba cuantiosos

---

14 Diego Ortiz de Zúñiga, *Anales eclesiásticos y seculares de la muy leal y muy noble ciudad de Sevilla...*, Madrid, 1677.

diezmos, por lo que el cabildo sevillano no debía de estar dispuesto a otorgarle ningún tipo de independencia.

El de Granada se fundó en 1499, vinculado con la visita a la ciudad de los Reyes Católicos. Éstos comprobaron la difícil integración de la población morisca después de transcurridos siete años desde la toma de la ciudad.

En 1526, los granadinos disfrutaron de un edicto de gracia, válido por tres años, en que se les invitaba a confesar sus errores. El primer auto de fe se celebró en esta ciudad en 1529, en el que figuraban ochenta y nueve personas, fundamentalmente judaizantes. El período 1530-1549 está jalonado por interminables negociaciones entre la Corona y la comunidad morisca, que ofrece dinero a cambio de que se aplace la actividad inquisitorial. Tras esto, entre 1550 y 1615, son procesadas 3 455 personas, de las que son condenadas en auto de fe 2 077, en ambos casos los moriscos representan el sesenta por ciento[15].

Tras diferentes cambios y reajustes, el mapa de los tribunales de la Inquisición quedó, para mediados de siglo XVI, con sus sedes en Sevilla, Córdoba y Granada, junto a los cercanos de Llerena y Murcia que mantenían tierras andaluzas bajo su dominio. Si a finales del siglo XV la Inquisición actuó con dureza sobre todo contra los judaizantes, en el XVI su acción se centró hacia los moriscos con cientos de condenados en diferentes autos de fe.

El siglo XVI en Andalucía, a causa del Santo Oficio, únicamente es comparable en la Historia a las purgas

---

15 K. Garrad, *La Inquisición y los moriscos granadinos (1526-1580)*, «Misceláneas de Estudios Árabes y Hebraicos», 1960, p. 57 s.

estalinistas, al holocausto nazi o a la represión franquista tras la última guerra civil.

La Inquisición en Andalucía fue especialmente activa durante toda su vigencia, la persecución tradicional de judíos y musulmanes, aunque conversos, facilitó su arraigo. No obstante, no únicamente estos colectivos fueron su cometido, con especial intensidad se aplicó en la persecución de bígamos, sodomitas, protestantes y cualquier difusión de actitudes, doctrinas, papeles, pensamientos e ideologías que pudieran resultar peligrosas para la ortodoxia católica; sobre todo a partir del siglo XVIII, cuando la desaparición oficial del morisco no justificaba su persecución.

La Inquisición no sólo estuvo vinculada a Andalucía desde el momento de su creación y primeras actuaciones, también lo fue en su desaparición. Las Cortes Generales y Extraordinarias reunidas en Cádiz decretaron su primera abolición en 1813, por considerarla incompatible con la Constitución promulgada el año anterior. Fernando VII la recuperó, en 1814, para desaparecer definitivamente veinte años después.

La Inquisición fue un episodio más del concepto que tanto ha significado en la Historia de España: el Nosotros. Nosotros frente a Ellos, a los Otros. Pero, ¿quiénes son los Nosotros? Nosotros somos nosotros y Ellos todos los demás, todos los que no piensan y actúan como nosotros. Amparados en ese axioma han existido guerras civiles, masacres, ajustes de cuentas, encarcelamientos, expulsiones; así como se han creado las oportunas instituciones represivas. Represión y expulsión de moriscos y judíos, desprecio y persecución de los gitanos, castigo y muerte a los protestantes, acoso a los liberales, exterminio de anarquistas, la represión tras la Guerra Civil del 36. Nuestra Historia ha estado llena de guerras civiles, aunque a algunas las quieran tildar de conquistas, reconquistas y vueltas al orden; un orden que es el Mío.

Constantemente se ha recurrido a quitar del medio al que no está junto a Mí, al que no piensa como Yo, al que no se adapta a Mis normas; España una única nación, con una única religión, una única cultura y una única manera de comportamiento. Pero ese desaparecer no ha sido solamente físico, también ha sido histórico; quitar de nuestra Historia oficial al que no consideramos Nosotros.

El general Mola[16] sostuvo: «Debemos sembrar el terror hay que dejar sensación de dominio eliminando sin escrúpulos ni vacilación a todos los que no piensen como nosotros».

En España ha imperado tanto el Nosotros, que, habiendo descubierto y conquistado parte de América, habiendo tenido colonias en Asia y África, nunca ha traído, junto con las mercancías, a ningún indio, a ningún filipino, a ningún africano, ni siquiera como esclavo. En España sólo debía haber españoles, Nosotros, no mezclarse con nadie más. Por eso los fascistas, después de utilizar a los marroquíes como fuerza de choque durante la última guerra civil, los devolvieron a sus lugares de origen y no los dejaron quedarse en España; una cosa era luchar para imponer un régimen y otra muy diferente vivir en él, aunque fuese como siervo. Asunto curioso, no les importó recurrir a los Otros para imponerse, pero no quisieron que se mezclaran con los Nosotros tras la victoria.

La moral se ha confundido demasiadas veces en este país con la religión y religión en España es sinónimo de catolicismo. Quien no sea católico, apostólico y romano es calificado sin remedio como los Otros, ade-

---

16   AA.VV., *Navarra, 1936. De la esperanza al terror*, Altaffaylla Kultur Taldea.

más de como amoral. En la actualidad, cuando la Iglesia va en retroceso por su poca adaptación a la época y por la evolución del pueblo, se acusa a la juventud de no tener moral, de que no se le está educando en valores. Sí, la juventud tiene una moral y una ética bien definida, lo que sucede es que a los que aún permanecen en los conceptos morales anteriores, les faltan las referencias para verlos; estos sólo entienden el binomio: valor moral igual a valor religioso y, además, católico. En la actualidad existen jóvenes entregados a unas causas por el bien de la humanidad y llevan una vida consecuente con ello. Ponemos por caso a los ecologistas, a los antisistemas, al movimiento 15 M, a los diferentes voluntariados, a tantas ONGs, que no están bajo mandato de ningún partido ni religión.

Forastero viene del latín *foras,* que tiene el mismo étimo que puerta o límite, por lo que nos indicaría que forastero es el que se queda en la puerta; ya veremos si lo dejamos entrar o no, pero de principio se queda fuera. Extranjero tiene la misma raíz que la palabra extraño; dicen que nada humano nos debe resultar ajeno, mas nuestro idioma ya nos pone en sobre aviso sobre los forasteros y extranjeros. Huésped comparte el mismo origen que la palabra hostil. Nada en el idioma es casual, todo es fruto de un pensamiento, de una actitud, de un comportamiento histórico; las palabras no hacen más que fijar un concepto en nuestro cerebro que nos es lógico y se asocian a otras con las que comparten la misma raíz. Forastero, extranjero, huésped, gente de poco fiar, que es referible que no vengan, que se queden fuera; aquí estamos los que tenemos que estar, ¿para qué aceptar a nadie que no seamos Nosotros?

Guiados por el grito de «Santiago y cierra España»[17], el Santo Oficio tuvo particular dedicación en hacer desaparecer cualquier vestigio de islam del territorio español. Los Reyes Católicos cierran, no la Reconquista, sino la unidad de España; ya no existía ningún otro reino, sea musulmán o cristiano, fuera de sus dominios. Y una única nación necesitaba una sola religión, una sola ley, unas costumbres únicas, una sola forma de vestir, según su pensamiento fanático porque naciones tolerantes se habían dado, véase Alándalus, y se darán sin que existan problemas entre sus gentes.

A los moriscos no sólo se les exigió convertirse al catolicismo, tenían que dejar sus vestimentas, sus costumbres, su forma de hablar y aceptar las de los vencedores. Esto nos demuestra que no era un pueblo, una raza, diferentes, que bastaba con unos cambios exteriores para que no existiesen contrastes. La duda estribaba en si la conversión había sido por miedo o por verdadero convencimiento, por eso aparece el Estatuto de limpieza de sangre[18], por parte de los cristianos, y el esconderse de los moriscos; acudir con periodicidad a la iglesia, comer más carne de cerdo que los

---

17 Significativo es el sobrenombre de Santiago como Matamoros y esclarecedor que el diccionario defina esta palabra como «el que se jacta de valiente».

18 Los Estatutos de limpieza de sangre fueron un mecanismo de discriminación legal hacia las minorías españolas conversas bajo sospecha de practicar en secreto sus antiguas religiones —marranos en el caso de los ex-judíos y moriscos en el de los antiguos musulmanes— que se estableció en España durante el Antiguo Régimen. Consistía en exigir el requisito de descender de padres que pudiesen así mismo probar descendencia de cristiano viejo (ser cristiano en cuatro generaciones). Surgen a partir de la revuelta de Pedro Sarmiento (Toledo, 1449), a consecuencia de la cual se redactó la Sentencia Estatuto y otros documentos justificativos que, a pesar de ser rechazados incluso por el papa Nicolás V, tuvieron una gran difusión en gobiernos municipales, universidades, órdenes militares. Su principal problema era el hecho de que presuponía que ni siquiera el bautismo lavaba de los pecados a los individuos, que los hacía unos hombres nuevos, algo completamente opuesto a la doctrina de la Iglesia.

demás hispanos, modificar su vocabulario en público, cambiar oficialmente sus nombres y apellidos. Pero la Inquisición estaba recelosa, no podía consentir herejías, ni a nadie que no pensara como ella.

De esta forma, el negocio también estaba servido, al falso converso le eran confiscados sus bienes, el delator tenía como premio un porcentaje de lo incautado y los inquisidores se llevaban el resto, por lo que concurrían demasiados intereses en demostrar las oscuras prácticas, sobre todo si la víctima tenía propiedades. Aunque para demostrarlo tuviesen que realizar largas sesiones de tortura y encender grandes hogueras de espío.

La España morisca no existía como tal a la caída de Granada, fue una invención política de la Iglesia-Estado con la que justificar el concepto abstracto y artificial de la raza católica-española. El morisco ya no era musulmán, pero tampoco de los Nuestros. Los vencidos no católicos pasaron a ser apátridas en su propia tierra, en la nueva España, hasta convertirse, ellos y sus antepasados, en ciudadanos de ninguna parte; así España se define por la exclusión. Primero se elimina la diferencia en el decorado humano, luego se borra en el cerebro de cada ciudadano y, al final, en el fondo de las conciencias; de esta forma, el poder rechazará la diferencia hasta hacerla invisible.

Todos los regímenes opresores vencen cuando se normaliza la autocensura, porque no existe mayor forma de dominio sobre un pueblo que privarle de su Historia, de su cultura, de su idioma. El dominante procurará siempre anular los rasgos que caracterizan al dominado y, dentro de este afán, ridiculizará su cultura hasta hacerla aparecer como poco evolucionada, manipulará la Historia a su conveniencia y se aliará con las nuevas clases dominantes, ya sean económicas, políticas o intelectuales, para que les sirva de correa de transmisión para crear una nueva sociedad a su servicio.

Aún así, las culturas no se derogan con leyes, no se derrocan como a los regímenes políticos, no mueren de un día para otro. La huella andalusí, como veremos más adelante, ha permanecido indeleble en nuestra sociedad actual, por mucho que hayan querido borrarla o ignorarla, y es nuestra obligación reconocer nuestra identidad hibernada. Al morisco o, mejor dicho, al andalusí lo llevamos dentro de cada uno de nosotros, escondido, sólo que tenemos que aprender a verlo, a ahuyentar los prejuicios y tantos siglos de censura, de autocensura.

Quizás podamos comparar a los últimos representantes de la cultura andalusí, los moriscos, con los republicanos que perdieron la Guerra Civil; los dos colectivos fueron víctimas de la intolerancia del Nosotros de la Iglesia-Estado, los dos sufrieron persecución por defender unos ideales que no convencían a los dominantes, ambos fueron vencidos, exiliados u ocultos para pasar la noche oscura del alma, hasta la muerte mental. Aún existe quien piensa que la República fue nefasta porque esa idea nos la gravó a fuego el régimen fascista. Vallejo Nájera[19] justificó la feroz represión contra los republicanos en la necesidad de una política racial que justificase el fenotipo hispano. Estos son los mismos argumentos esgrimidos por Juan de Mariana para justificar el castigo hacia los moriscos. También Vallejo Nájera comparó la degeneración que padecía la raza española con la sufrida durante la falsa conversión de los judíos y moriscos. Así, el republicano se convirtió oficialmente en culpable, en perseguido, igual que

---

19 Antonio Vallejo Nájera, *Eugenesia de la hispanidad y regeneración de la raza*, Burgos, 1937.

anteriormente los moriscos; con una «muerte mental» que está un peldaño por encima de la «muerte civil».

Incluso el lenguaje se ha manipulado para que sirva a la causa de los vencedores. Algarabía es el nombre que recibía la lengua, entre árabe y romance, que se hablaba en Alándalus; según el diccionario es: «lengua o escritura ininteligible, gritería confusa, hablar pronunciando mal las palabras, enredo, maraña». «Gandul» denominaba al morisco que se rebeló en la ciudad, como «monfí» era el rural o serrano; en el diccionario, gandul también significa «tunante, holgazán». «Marrano» era el nombre del judío converso, marrano es sinónimo de cerdo.

Porque no sólo eran andalusíes los moriscos, estos sólo fueron los últimos, también fueron andalusíes los hispanos-romanos que se convirtieron al islam, los judíos sefardíes, los mozárabes e, incluso, los emigrados durante tantos siglos de otras partes del mundo y que se integraron en otras sociedades. Todos, todos y cada uno formaban parte de Alándalus, mejor dicho, Alándalus es el resultado de la convivencia de estas comunidades. Pero no nos engañemos, en Alándalus no había tres culturas como nos quieren hacer creer, en Alándalus sólo existía una cultura, la andalusí, en las que convivían por lo menos tres religiones y muchas formas de pensar. Ver la andalusí como una cultura únicamente musulmana es amputarla de sus demás elementos, ya no sería Alándalus.

Los gitanos

Se denominan gitanos, romà o romaní, a una comunidad o etnia de origen indio con rasgos comunes, aunque con enormes diferencias entre los subgrupos. Se encuentran asentados principalmente en Europa, no obstante, están repartidos en menor medida por el resto del mundo.

El origen de los gitanos es todavía objeto de controversia por diferentes razones: la cultura gitana es fundamentalmente ágrafa y despreocupada de su historia, que ha sido estudiada siempre por los no romaní y a través de un tamiz etnocentrista. Los primitivos movimientos migratorios datan del siglo X y mucha información se ha perdido, pues los primeros grupos de gitanos llegados a Europa occidental fantaseaban acerca de sus orígenes atribuyéndose una procedencia misteriosa y legendaria. Sin embargo, el mayor problema es que la pertenencia o no a la comunidad gitana no está definida, no existe una delimitación clara dentro de la comunidad, ni fuera de ella, acerca de quién es gitano y quién no. A veces, la denominación gitano puede no ser estrictamente étnica, sino socioeconómica.

La palabra «gitano» procede de «egipciano», porque en el siglo XV se tenía la creencia errónea de que procedían de Egipto, pero, en el siglo XVIII, el estudio de la lengua romaní confirmó que se trataba de una lengua índica muy similar al *panyabí* o al *hindi*, lo que revela su origen en el noroeste de la India. Este descubrimiento lingüístico se ha visto respaldado por estudios genéticos.

A España se cree que llegaron hacia 1415 procedentes de Perpiñán[20], dispersándose poco después por toda la Península. Existe también una teoría por la que algunos gitanos entraron por el sur, tras cruzar el estrecho de Gibraltar procedentes de Tingis (Tánger), a los que se conocía como *tingitanos*.

Aunque los gitanos eran nómadas, sus relaciones con la población local fueron generalmente buenas durante el siglo XV; no obstante, también es cierto que fueron expulsados con frecuencia de muchas ciudades. Más tarde, con la llegada al trono de los Reyes Católicos, la situación cambió radicalmente, entre otras, a causa de la empecinada búsqueda de la homogeneidad cultural emprendida por estos monarcas. Las autoridades dieron a los gitanos un plazo de dos meses para que tomaran un domicilio fijo, adoptaran un oficio y abandonasen su forma de vestir y sus costumbres, bajo pena de expulsión o esclavitud.

Más tarde, las Cortes de Castilla de 1594, emitieron un mandato para separar a los gitanos de las gitanas, a

---

20 El primer documento conservado de la presencia gitana en la Península es de 1415, un salvoconducto emitido por Alfonso el Magnánimo a favor de un tal Tomás Sabba, peregrino a Santiago de Compostela. Este mismo monarca concede otra cédula de paso en 1425, ordenando que sea bien tratados, a los jefes gitanos Juan y Tomás que se hacen llamar «condes de Egipto Menor», de donde surgiría egipcianos y luego gitanos.

fin de obtener la extinción de la raza, vaticinando la política de prácticas de esterilización que seguirían otras monarquías europeas de la Edad Moderna. Aclaremos que los gitanos abrazaron pronto la religión católica, por lo que su persecución no fue religiosa sino étnica. Los gitanos no eran vigilados por el Santo Oficio sino por la Santa Hermandad; lo cual no quiere decir que la Inquisición ignorara la existencia de los gitanos cuando estos incurrían en los delitos que correspondían a su jurisdicción. No obstante, es muy rara la presencia de los gitanos en los autos de fe inquisitoriales.

En 1749 se dio la Gran Redada, conocida también como Prisión General de Gitanos, una persecución autorizada por Fernando VI y organizada por el Marqués de la Ensenada, con el objetivo de arrestar y extinguir a todos los gitanos del reino.

Como los judíos y los moriscos, también los gitanos sufrieron la persecución del Estado, pero a éstos era más fácil identificarlos, constituían una raza diferente. Felipe V les cerró la puerta de los juzgados y permitió su caza incluso dentro de las iglesias, aunque eran creyentes. A los judíos y a los moriscos les obligaron a entrar en las iglesias, a los gitanos los sacaron de ella.

De todas maneras, la persecución contra los gitanos se ha magnificado en cierta forma, pues no difiere demasiado en su tratamiento a los de otros colectivos de marginados. El gitano no es perseguido tanto por su raza sino por su vida de vagabundo proclive a los pequeños delitos; además, al no estar asentado, no era controlado por el Gobierno y, por lo tanto, ni pagaba impuestos ni podía ser requerido para la milicia.

Manuel Barrio opina:

...hay otro aspecto del problema cuya consideración es imprescindible para su estudio, y es que estas leyes dictadas sobre los gitanos no fueron cumplidas jamás.

Así lo reconocen los propios textos legales, que en su parte expositiva apenas se diferencian[21].

Estas leyes no se cumplieron porque el gitano, por su indiferencia hacia la política, no representaba ningún peligro para el Estado; porque sus creencias no suponían ninguna herejía contra la Iglesia, más bien se trataba de un pueblo por evangelizar, algo que se efectuó con cierta facilidad; porque al no poseer bienes no alentaba la codicia de las instituciones civiles o eclesiásticas, como lo fueron en los casos de judíos y moriscos; porque, como ya dijimos, la encargada de su vigilancia fue la Santa Hermandad, cuerpo casi inoperante desde el siglo XVI; y porque sus faltas y delitos siempre fueron menores.

En 1783, con la Pragmática-Sanción de Carlos III, como veremos más adelante, la situación de los gitanos cambiará sustancialmente en España.

Por otro lado, el término romaní nos sugiere una correspondencia lingüística; «*rummân*» significa granado en lengua andalusí, de donde podría provenir la denominación «romaní», que se traduciría por «granadino». Hay que tener en cuenta de que las palabras del castellano terminadas en i acentuada suelen ser de procedencia andalusí. Esto nos podría llevar a deducir que romaní serían los granadinos que luego se harían pasar por gitanos. Mas esta cuestión, que sólo apuntamos, necesitará de un mayor análisis por parte de los expertos.

---

21 Manuel Barrios; *Gitanos, moriscos y cante flamenco*; RC Editores, 1989.

El fracaso de la expulsión

Qué alegría ir por Triana
y ver la Torre de Oro sin campanas.
Inés Bacán

La versión oficial de la Historia afirma el éxito de la expulsión, había que proclamar que ya no quedaban diferentes en España, pero es falso, quedaron y regresaron muchos moriscos.

Es lógico pensar que se quedaron todos aquellos antiguos musulmanes que se habían convertido al cristianismo e integrado en la sociedad castellana; desde la conquista de Toledo hasta el decreto de expulsión de 1609 había pasado mucho tiempo como para que no existiese, no ya una integración, una amalgama en la sociedad; a finales del siglo XVI, la población que aún se consideraba mudéjar en la Andalucía Bética sólo representaba el 0,5 por ciento de la población total, concentrándose casi toda en ámbitos urbanos.

Según los diferentes recuentos, fueron sujetos a expulsión entre trescientos mil y medio millón de moriscos. Pero, como anteriormente vimos, el Bando de expulsión indicaba que los niños menores de seis años se podían quedar, así como las moriscas casadas con cristianos viejos. También los editores del Bando, conscientes de lo que se avecinaba, y a petición de la nobleza, indicaron: «para que se conserven las casas, ingenios de açucar, cosechas de arroz y los regadíos, y puedan dar noticias a los nuevos pobladores, que de cada lugar de cien casas queden seys con los hijos y muger que tuvesen».

A la Andalucía occidental se enviaron en total unos 20 000 moriscos. La primera remesa, según dijimos anteriormente, era un plan establecido en tres fases, pero la última falló debido a lo precipitado del proyecto, las dificultades materiales y el mal tiempo meteorológico; por lo cual, las autoridades sevillanas se tuvieron que hacer cargo de los recién llegados. El siguiente envío salió de los puertos de Almería y Vera de los que, como ya vimos, sólo llegaron 5 500 de 11 500 moriscos que embarcaron; 1 200 se escaparon estando ya en Sevilla, quedando sólo 4 300, de los que 3 000 se establecieron en la ciudad y el resto fue distribuido por ciudades próximas.

Otro grupo de moriscos granadinos partió con destino a Cartagena, donde tenían que embarcar rumbo al norte de África. Por diferentes circunstancias éstos tampoco pudieron salir, algunos se desperdigaron por el entonces Reino de Murcia y otros fueron enviados a las minas de la Unión.

De los que expulsaron, o mejor deberíamos decir que desterraron porque también eran españoles, la mayoría fueron enviados a África, donde serían también rechazados; en la Península eran moros y en Berbería cristianos extranjeros. De su presencia nos ha quedado la que en Marruecos llaman música andalusí, que tantos lazos de unión tiene con el flamenco. En Tumbuctú existe una danza antigua que es casi idéntica a las sevillanas de Lebrija, lo que nos sugiere dos ideas, una, que esta danza fue llevada por los andalusíes allí deportados y, dos, que las sevillanas de Lebrija son anteriores a la expulsión.

Otros se embarcaron para América, a los monarcas les interesaba la rápida colonización del Nuevo Mundo y no tenían mucho donde elegir con las permanentes levas contra el turco, adonde no querían mandar a los moriscos por el riesgo de que cambiasen de bando, y el resto de los enemigos europeos. En América persiste aún la huella morisca, y no sólo en los cantes llamados de ida y vuelta, que también; allí, según qué zonas, se permitía un relajamiento del acoso inquisitorial, por lo que se podía llevar una vida más tranquila y conservar unas costumbres que han persistido con el tiempo. Guajira, del algárabe *guad* (río) y *ajira* (la otra vida tras la muerte), denomina una zona caribeña y un palo del flamenco; quizás la guajira sea eso, el río en el más allá: América. La presencia en Sudamérica de la toponimia «gua» es abundante, aunque supuestamente nunca existió un contacto con el mundo andalusí.

Entre los moriscos no todos eran pobres, también los había adinerados, y éstos tenían un doble motivo para no dejar España: era su país y querían conservar su fortuna. Por ello hubo quienes pagaron buenos dineros por alterar su árbol genealógico[22]. Otros abonaron directamente a la Inquisición su carta de limpieza de sangre; aunque esto se convirtió pronto en un peligro,

---

22 Caso muy conocido fue el de Yahia Alnayar, granadino que cambió su nombre por el de Pedro de Granada Venegas tras invertir buena parte de su patrimonio en ello. Este memorial se encuentra en la Real Academia de la Historia de Madrid con el título de *Origen de la Casa de Granada, señores de Campotejar*. Pedro de Granada fue poeta y fundador de la academia de poesía de Granada y llegó a ostentar el título de marqués de Campotejar.

ya que era precisamente a los más ricos a quienes se les podía confiscar más. También los hubo que dotaron de manera extraordinaria a una familia de cristianos viejos para casar a alguna de sus hijas y conseguir su apellido; una coplilla del Albaicín viene bien al caso: «Los amores de Navarra son caros, pero son buenos». Los caminos para conseguir una reputación de buen cristiano fueron muchos, la imaginación es algo que no falta, incluso algunos llegaron a meter a monja a sus hijas para protegerse; gracias a ello se conservó la rica repostería andalusí en los conventos, aunque tuvieran que aderezarla con manteca de cerdo para despistar.

Entre los menos pudientes muchos optaron por tomar, tras la conversión, el apellido de sus señores a cambio de seguir cultivándoles las tierras. De ahí que el apellido en España sólo indique la procedencia del mismo, no que quien lo porte sea descendiente de ninguna rama en particular; aquí el apellido suele ser más fruto de casualidades que el signo de pertenencia a un árbol genealógico concreto.

Entre los que estaban sujetos a la deportación ya vimos que unos tomaron el camino del exilio, en cambio otros, nunca se sabrá cuantos, se pudieron quedar por las diferentes razones que antes hemos mencionado; dispersarse por Andalucía y pasar desapercibidos no debía ser difícil, puesto que eran el mismo pueblo, no existía ninguna diferencia física que los pudiera delatar, al contrario que el gitano. Que pasaron miseria es cierto, pero suponemos que no menos que el común del pueblo en el siglo XVII; detrás de los grandes imperios se ocultan pueblos que soportan la miseria, a la Historia nos remitimos.

Tres letras flamencas vienen al caso, la primera es un verdial:

No sé si me iré a Ubrique
o iré a Grazalema
o a Alcalá de los Gazules
o al Alosno que es mi tierra.

La segunda es de Fernando Villalón (Morón, 1881–Madrid, 1930):

Islas del Guadalquivir
donde se fueron los moros
que no se quisieron ir.

Y la tercera dice:

Mi padre es un buen judío,
que aunque le quemen la ropa
no reniega de lo que ha sido.

Como muestra de lo que venimos diciendo, podemos indicar que muchos de los intelectuales españoles del Renacimiento fueron descendientes de conversos: Santa Teresa, San Juan de la Cruz, Cervantes, Francisco de Rojas, Juan Ruiz (El Arcipreste de Hita), Fray Luis de León, Mateo Alemán.

Los moriscos que se quedaron en Sevilla decidieron cruzar el río y protegerse en las corralas de Triana; a pesar de que tenían cerca el castillo de la Inquisición, peor era deambular por zonas céntricas donde podían ser reconocidos. Al otro lado del Guadalquivir estaban entre los suyos, entre la gente de los arrabales, donde la justicia apenas aparecía.

De los que habían desterrado al norte de África no fueron pocos los que regresaron. Cervantes lo refleja en *El Quijote* en el encuentro con Ricote, que veremos más adelante. La teoría de un grupo de gitanos procedentes de Tingis (Tánger), a los que se conocía como *tingitanos*, nos lleva a pensar que algunos de los enviados al norte de África volvieron haciéndose pasar por gitanos, ya que éstos no cruzaron en ningún momento el Magreb para acceder desde el sur. Existe un término para denominar al africano que recaló en Alándalus: «*gazí*»; esta palabra se parece mucho al calificativo que se le da en Andalucía a los no gitanos: «gachó o gachí», por lo que originariamente se le podía llamar así a los falsos gitanos que llegaban desde África, para luego extenderse a los demás payos; aquí vemos nuevamente la terminación i acentuada propia de palabras andalusíes.

Que el morisco que regresaba del Magreb se hiciera pasar por gitano tiene su lógica; los gitanos eran perseguidos para que se asentasen en ciudades y dejaran su vida de nómadas, en cambio, el morisco, estaba condenado al destierro por el sólo hecho de ser morisco. Bastaba con que éste se quedase a vivir en algún pueblo, como si fuese un gitano adaptado, para que pasase desapercibido, para que la Inquisición lo dejara en paz.

Otra demostración de la presencia morisca después del destierro es la propia Inquisición. ¿Si ya no existían diferentes en España, a qué mantener el Santo Oficio hasta el siglo XIX? La Inquisición persistió en su barbarie represiva, con la misma intensidad que en su creación, durante los siglos XVII y XVIII; ellos sabían que la normalización era sólo una fachada, no eran tantos los bígamos, sodomitas o protestantes como para mantener semejante maquinaria en funcionamiento. Sí, aunque no se quiera admitir, seguían presentes los judíos y los moriscos contra los que la fe de la Iglesia debía luchar.

Otro rastro de la huella morisca está en los verdiales, que se dan en la comarca de la Axarquía, Valle del Guadalhorce y Montes de Málaga. Consiste en un particular fandango, cantado y bailado, con acompañamiento de violines, guitarras, crótalos y castañuelas, a los que se pueden incluir un laúd o una bandurria. Aunque hay quien ve en ellos un carácter saturnal, que nos remontaría hasta la época romana o anterior, es inequívoca su ascendencia morisca. A mediados del siglo XIX, Daviller[23] cita que:

> Las malagueñas (en este siglo el verdial era conocido como malagueña) tienen sin duda un origen moro, y son, sin haber sufrido alteración alguna, las mismas melodías que cantaban, acompañándose de laúd, los súbditos de Ibn al-Kamar y Boabdil. Probablemente, las palabras mismas no son más que traducción de algunos antiguos romances moriscos.

Como muestra de la presencia morisca en Jerez tenemos un pregón de 1519 en el que se dice:

> ...dichos esclavos é esclavas se juntan de día a hazer bodas é fiestas de dançar é bailar é otras çeremonias moriscas, é allí hazen sus conçiertos para hurtar... manda é ordena la dicha çibdad: que de aquí adelante, los dichos esclavos é esclavas non se junten los dichos domingos é fiestas a baylar nin teñér, nin hazer otras çereminias moriscas[24].

---

23   Barón de Daviller, *Viaje por España*, Ediciones Giner, Madrid, 1991; vol. II p 164.

24   Juan de la Plata, «Noticias de esclavos, moriscos y gitanos (Jerez, siglos XV y XVI)», en *Historia del Flamenco*, vol. I, editorial Tartesso, Sevilla, 1995; pp 185-195.

De aquí se desprende que no serían pocos los moriscos adquiridos como esclavos y que, por su condición, no entrarían en el censo de mudéjares existentes en la Bética. Estos asentamientos servirían para acoger a futuros moriscos, enviados desde Sevilla o escapados de la expulsión, a la vez que demuestra cómo la música morisca ya estaba asentada en la ciudad.

También existen noticias del siglo XVII que caracterizan a los moriscos como:

> muy amigos de burlerías, cuentos, berlardinas y sobre todo amicísimos de bayles, danzas, solaces, cantarcillos, albadas, paseos por huertas y fuentes, y todos los entretenimientos bestiales en los que con descompuesto bullicio y juglería suelen ir voceando por las calles[25].

Existe un informe del Consejo de Estado de 1610 que dice:

> Ay presunción que muchos de los que abundan como gitanos son moriscos[26].

En ese mismo informe confirma de los procesos inquisitoriales contra unos y otros.

En cierta ocasión un gitano cantaor de Jerez nos estuvo contando sus peripecias a la hora de ir a cantar a una ciudad del norte, en un momento de la explicación dijo: «Y había allí unos gitanos, hui omaita»; y puso cara de recelo. Le indicamos que él también era gitano, a lo que repuso: «Sí, sí, pero yo me entiendo». Otro cantaor, del que también omitimos su nombre,

---

25 Manuel Barrios, *Ese difícil mundo del flamenco. Gitanos, moriscos y cante flamenco*, Universidad de Sevilla, Sevilla, 2000; p 133.

26 A. Domínguez Ortiz y B. Vicent, *Historia de los moriscos. Vida y tragedia de una minoría*, Alianza Editorial, Madrid, 1984; p 250.

dijo que cuando fue a cantar a Madrid lo estaban esperando unos gitanos para que fuese al patriarca a pedirle permiso, a los que él les contestó que no necesitaba más permiso que el de su padre que estaba en Jerez. Son sólo dos anécdotas, pero existen más que aclaran que ser gitano en Jerez o Sevilla no es lo mismo que serlo en otras ciudades de España.

A todo esto, debemos añadir la espectacular desaparición de los moriscos en la Historia de España a los veinte o veinticinco años de su supuesta deportación; se supone que en Andalucía quedaron, por los diferentes motivos antes señalados, unos 186 000, que representaban casi el 15 por ciento de la población total. Además, ¿cómo explicar tantos gitanos dedicados de pronto a las faenas agrícolas, cuando se trataba de un pueblo ajeno al cultivo de la tierra? Unos desaparecen, los otros se asientan de repente, demasiada casualidad.

Ya vimos como el flamenco, seña de identidad para los gitanos de Triana y Jerez, no se parece a ninguna otra manifestación cultural egipciana fuera de Andalucía, pero en cambio tiene conexiones con otros ritmos del norte de África, en donde ha mantenido el nombre de música andalusí. Esto nos lleva a pensar que fueron los desterrados moriscos los que llevaron consigo su folclore, que ha evolucionado de manera diferente al de la Península a causa del ambiente en que se ha desarrollado, pero que conserva sus raíces. Al igual que fueron los moriscos, tanto los que se quedaron como los que regresaron del destierro, los que propiciaron el flamenco.

El color de la piel, la manera de hablar, las diferencias en las costumbres entre ambos grupos gitanos son visibles. Haría falta un estudio genético para confirmar definitivamente si lo que decimos es cierto.

Tenemos muchas más, pero podemos resumir nuestras dudas en cinco preguntas:

1. ¿Por qué siguió la Inquisición en funcionamiento cuando ya no existían oficialmente conversos en España?
2. ¿Por qué desaparecen de forma drástica los moriscos de la Historia de España cuando se sabe que muchos se quedaron o regresaron? ¿Acaso el Gobierno no era consciente de ello?
3. ¿Por qué se asientan de pronto tantos gitanos y se dedican a la agricultura? Esto no se da en ninguna otra parte.
4. ¿Por qué en las poblaciones donde hoy existe mayor densidad de gitanos en la Baja Andalucía son las mismas que admitieron mayor número de moriscos refugiados?
5. ¿Qué sucedió con tantos esclavos moriscos jerezanos y de otras ciudades?, ¿a dónde se fueron?

El problema morisco constituye un episodio más de los que llamamos las dos Españas. La una, la visigoda: guerrera, intolerante; la otra, la hispano-romana, pacífica, tolerante. La primera creo la Inquisición, el Estatuto la pureza de sangre; la otra germinó en Alándalus. La primera era el Antiguo Régimen, los absolutistas, los golpistas de 1936, es la derecha mostrenca y montaraz; la otra los liberales, los republicanos, los auténticos demócratas. Los Nosotros y los Ellos. En la actualidad tenemos un período de calma, mas no sabemos cuando el espíritu visigodo volverá a manifestarse. De todas maneras, el binomio Iglesia-Estado no está resuelto, aunque se diga que estamos en un Estado aconfesional. España mantiene vivo el Concordato, las instituciones del Estado continúan con sus patrones o patronas, como si no se pudiese ser guardia civil o policía nacional sin ser católico; las fiestas oficiales tienen en su mayoría un motivo católico, en las procesiones se hacen entrar y salir a las imágenes al toque del himno nacional. Quizás este supuesto estado de calma viene porque los Nosotros saben que aún controlan el país.

La huella morisca[27]

La Historia oficial le da, a veces, demasiada importancia a los reyes y batallas, cuando lo que mueve el mundo es la vida cotidiana. Las culturas no desaparecen por arte de magia, aunque se intenten desarraigar unas costumbres, la idiosincrasia de un pueblo subsiste en las manifestaciones más sencillas; en ocasiones, como en los sueños, haciéndolas pasar por un filtro que las presenta como aceptables ante las autoridades y a los propios afectados.

Muchos fueron los moriscos que se ocultaron en España y más aún los herederos de Alándalus que estaban integrados en la sociedad. Ambos mantuvieron y nos legaron, a veces si saberlo, una honda cultura andalusí sin que los poderes pudieran hacer nada por evitarlo; cultura que está tan impresa en la memoria, en la conciencia, que pertenece a nuestra vida diaria. Aún así, la versión más rancia y tradicional de la iden-

---

27 Este capítulo tiene el mismo nombre que el libro de Antonio Manuel, *La huella morisca*, editorial Almuzara, Córdoba, 2010. Libro que nos ha servido para estructurar este capítulo.

tidad españolista-católica se erige sobre embustes asumidos como verdades irrefutables.

De tanto ocultar la verdadera identidad, de vivir para olvidar y olvidar para vivir, el sujeto va perdiendo conciencia de lo que era hasta parecer sumiso a los vencedores. Eso pasó con los republicanos que tras la guerra lograron sobrevivir, que el miedo los hizo callar, que tuvieron que reprimir sus ideas para preservar la vida; pero no por eso había nacido una nueva España como los fascistas proclamaban, lo que existía era un pueblo aplastado por el ruido de las armas y que acataba en silencio las órdenes de los oligarcas. Por eso en España es un continuo proclamar que ya no hay diferentes, que por fin somos una sola Nación; una sola Nación sí, pero no en el sentido que se le quiere aplicar de único pueblo, única cultura, único pensamiento, única religión. En ocasiones sólo nos queda la memoria antropológica, que no es poco.

La Inquisición era implacable, por todos lados veía atentados contra la Iglesia, el pecado se había convertido en delito y la herejía estaba castigada con la muerte. Mal momento histórico para las libertades; las persecuciones, los autos de fe con múltiples hogueras de sacrificio, eran tan frecuentes que pasaron a la vida cotidiana; había que esconderse, ocultar la identidad para no ser descubierto. De tanto fingir, la memoria flaquea, ya no se sabe de dónde venimos, quiénes somos. El contacto directo con los antepasados se ha roto, nos han buscado unos padrastros para sustituir a los verdaderos padres. Pero la mente no se deja embaucar tan fácilmente, el subconsciente mantiene una llama al fondo que se proyecta alrededor, nuestro imaginario colectivo nos ha dejado profundas huellas que reflejan un modo de actuar para no levantar sospechas y proclamar quiénes somos. Pondremos algunos ejemplos:

Se dice: «Picha española nunca mea sola», referido a que un español no debía tener miedo a enseñar su miembro a otros y demostrar así que no está circuncidado.

Cuando un converso era falso, hacía grandes demostraciones públicas de su cristianismo, pero escondía en su casa los elementos de su verdadera fe, de ahí que Francisco de Rojas, en *La Celestina*, nos diga que este es un país de rezos fuertes junto a murmuraciones. Si era judío guardaba la *Torah*, la *Kipah* o la *Menorah*, si morisco, el Corán o el *misbah*, oculto en un doble fondo de la alacena (*guenizá* para los judíos y *taqa* para los musulmanes). Cuando eran inspeccionados por la Inquisición le decían que abriera el armario para ver qué salía de él, porque de la alacena o el armario podía salir su verdadera identidad. Actualmente se dice «salir del armario» cuando un homosexual revela su verdadera condición.

Tradicionalmente, en Andalucía los sábados se ha hecho puchero o cocido. Esta costumbre es judía, para celebrar el *Shabat*, y el guiso tenía un nombre en algarabía: *adafina*. Originariamente era una cocción de legumbres y verdura, pero tras la imposición católica se le añadió el tocino y la carne de cerdo.

Se suele decir que el que no tiene padrino no se bautiza. Porque los musulmanes menos pudientes necesitaron a un padrino que les legara su apellido al convertirse al cristianismo. Ya dijimos que normalmente se tomaba el apellido del señor a cambio de seguir cultivándole su tierra, a veces como esclavos. Esto ha originado que, a causa del apellido, todos los andaluces parezcamos venidos de Castilla.

A lo anterior podemos agregar la importancia que el apodo ha tenido entre los andaluces. Si el apellido era impuesto, si ya no se podía tener el anterior musulmán, de alguna forma se tenía que distinguir a qué familia o cábila se pertenecía. Esto se solucionó con un sobrenombre para el grupo, que podía venir del oficio del padre, de algún defecto, de las circunstancias; cualquier origen del apodo era bueno para que cuando preguntaban: «¿Tú de quién eres?» (pregunta que encierra todo un instinto de supervivencia para la identificación de un amigo o extraño), se pudiera dar con claridad y laconismo la pertenencia a un grupo. Porque si cambiar el nombre por uno católico era necesario para salvar el pellejo, también hacía falta buscar un apellido castellano para acreditar una ascendencia fuera de toda duda.

Nos ha quedado la costumbre de comer pinchos o pinchitos, sólo que no son como los morunos, de cordero, sino de cerdo, para que no existan problemas de confusión.

«No estar muy católico», como expresión de que no se está sano, de padecer interiormente algún mal.

La necesidad de hablar fuerte en público para indicar que no hay nada que esconder. Cuando dos hablan en voz baja siempre hay quien pregunta: «¿Qué estarán tramando? ¿Qué ocultan?» Por eso hay que hablar fuerte, porque antes se hacía así para que se viera con claridad que en la conversación no aparecían palabras en idiomas extraños al castellano.

La expresión: «hablar en cristiano»; es sinónimo de hablar castellano, no parecer un converso. Como decir: «o todos moros o todos cristianos»; es para no andar con desviaciones o permisividades.

Muchas de las moriscas se salvaron de la expulsión como amas de cría, por lo que «tener mala leche» es referente a haber sido amamantado por una de ellas y haber recibido su supuesto resabio y maldad a través de la leche. Era como decir que lo ha criado una mora, algo que en una sociedad católica resultaba un grave insulto.

Cafre (según la RAE: bárbaro, cruel, zafio y rústico) viene de la palabra algárabe «*kafir*», que es el no creyente, el pagano, pero también el converso al islam.

Zambra[28] es una danza morisca que aún pervive, aunque en la actualidad un tanto adulterada para satisfacer a los turistas, en las cuevas del Sacromonte. Esta palabra viene de *samar* o *samra*, unas veladas nocturnas que se celebraban durante el califato y después en algunos reinos Taifas. La zambra se referencia también con otros bailes y fiestas nocturnos, llamados *leilas*, que recuerdan el modo de posterior reunión, característico del flamenco, en pequeños grupos privados.

La costumbre en los pueblos de la sierra de orear las chacinas y los jamones en las ventanas, a la vista de todos, es una usanza que se mantiene desde antiguo, cuando se hacía para evitar sospechas de ser falsos conversos. Así como practicar matanzas, siempre de cerdo, al aire libre, delante de todo el que quisiera mirar, y así demostrar la limpieza moral de la familia, de la cábila. Aunque estos sacrificios se parecen demasiado a los que realizan los musulmanes en la fiesta del cordero.

Antonio Manuel[29] nos dice:

1. La memoria de lo oculto
   Mi abuelo Antonio y mi abuelo Manuel no se parecían en nada. Pero los dos se lavaban igual antes de comer. Se arremangaban hasta los codos. Se mojaban la cara. Se frotaban los ojos. La boca. Las orejas. Tomaban y expulsaban el

---

28 Tras la toma de Granada, la zambra se mantuvo en la intimidad, con cierta tolerancia, pero consideradas como manifestaciones de infieles, para luego prohibirse definitivamente en 1526; algo que no se consiguió.

29 Antonio Manuel, *La huella morisca*, p 110.

agua por la nariz. Y terminaban frotándose el pelo.

Hace un tiempo estuve en la Gran Mezquita de Agadez en Níger. Yo no soy musulmán. Así que para entrar en ella tuve que imitar a un niño que hacía la ablución a mi lado. El niño se arremangó hasta los codos. Se mojó la cara. Se frotó los ojos. La boca. Las orejas. Tomó y expulsó el agua por la nariz. Y terminó frotándose el pelo. Aquel niño negro y africano se lavó exactamente igual que mis abuelos antes de comer. O mejor dicho: mis abuelos andaluces se lavaban como musulmanes antes de rezar. Como lo hicieron los padres de sus padres. Sin saber por qué. Mi padre todavía se lava así. Yo no.

2. La ocultación de la memoria

Mi abuela Rosario era jornalera. Y mi abuela Angelita, modista. La una casi atea. La otra, católica. Diferentes como la noche y el día. Pero las dos hacían sábado. Brillara el sol o lloviera a mares, mis abuelas abrían las ventanas, los balcones, las puertas. Las dos ponían la casa patas arriba. Y las dos desnudaban las tripas de su hogar a los ojos de la gente. Cualquiera que pasara por la calle sabía el color de las sábanas, del suelo, de las sillas, del techo. Siempre me pregunté por qué limpiaban así incluso cuando la humedad del ambiente lo desaconsejaba. ¿Por qué precisamente un sábado, un día normal para la mujer enclaustrada de entonces? ¿Y por qué de rodillas si el resto de la semana fregaban de pie?

Los judíos no pueden realizar actividad alguna durante el *sabbat*. Desde el ocaso del viernes al ocaso del sábado. No trabajan fuera ni dentro de la casa. No pueden cocinar. Ni encender fuego siquiera. Hasta hace bien poco, parecer judío o morisco en Andalucía implicaba expropiación, destierro, cárcel o muerte...

Las mujeres que limpiaban su casa como esclavas, todos los sábados, con las puertas y ventanas abiertas de par en par, se estaban autoexculpando públicamente de parecer judías.

Agua procede del latín «aqua», en algarabía es «guad» o «wad»; España es el único lugar del mundo en el que los nombres de los ríos suelen comenzar con el sufijo «guad». Pero no es árabe, agua en este idioma es *almà*, sino latín: agua, guad, aqua. Latín transferido a través del romance y mantenido en Alándalus. Río en árabe es «*nahr*».

Al decir transferido nos ha sugerido otra de las rémoras que posee Alándalus: ser un mero transmisor de cultura. No, en Alándalus no se estudiaba o traducía para transmitir sino para saber; el transportista no aporta nada solo va de un lado para otro, en cambio aquí se discurría, se vivía, se creaba para el propio consumo y, como fruto de ello, se transmitía.

Alándalus es el pasado de Andalucía porque creemos un error describir el paso del ser humano por la tierra como una evolución diferenciada, o enfrentada, de las diferentes religiones. No podemos seguir percibiendo a Alándalus como una parte ramificada de la universalmente diferenciada historia del Islam. Esto nos lleva a que, por absurdo que parezca, un andaluz con una concepción religiosa cristiana del mundo tendrá más cerca a un armenio cristiano que a un andalusí, por el contrario, un sueco que se convierta al islam tendrá como referente a Alándalus más que a sus paisanos cristianos; y esto es un error. Debemos entender que la historia de los pueblos está compuesta por su cultura, sus costumbres, su etnia, su forma de entender el mundo; dentro de la cual tiene cabida la religión, pero que no es lo fundamental ni lo trascendente.

Algo que tampoco se ha estudiado es la influencia de la algarabía en el árabe clásico. Alándalus fue una de las zonas más importante y culta dentro del islam, por lo que es de suponer que tuvo una singular aportación en costumbres, idioma, cultura, en dicha civilización. Aunque aquí nos vuelve a suceder igual que en otros momentos históricos: creer que todo lo importante nos viene de fuera, que los andaluces sólo hemos sido receptores nunca aportadores, fenicios, romanos, visigodos, castellanos; todos de fuera. Existe quien, de forma torticera, piensa que Andalucía ha sido históricamente una especie de fulana conquistada por todo el que por aquí ha pasado, que sólo evolucionó gracias a la influencia exterior; crisol de culturas, pastiche, hija de todos, sin nada propio. Esto es totalmente falso; Andalucía ha recibido, pero también ha aportado su experiencia y conocimiento en los diferentes momentos de la historia. Todo el mundo islámico, sobre todo en la mitad norte de África, está impregnado de la huella andalusí, fundamentalmente en arquitectura y música. Porque si el islam creó en parte a Alándalus, ésta contribuyó también a crear el Islam[30].

Otra de las características en el habla andaluza occidental, fundamentalmente en los pueblos, es sonorizar la hache o sustituir la ese, la zeta (ce, ci) y, en ocasiones, la efe, por la jota; la jota andaluza que es más suave que la castellana. Hemos llegado a oír en Prado del Rey: «¿Una camijeta der Barjelona?, le meto juego».

---

30 Diferenciamos islam, con minúscula, como religión e Islam, con mayúscula, como cultura.

Como se entenderá, quería decir: «¿Una camiseta del Barcelona?, le meto fuego». También afirmar diciendo «jí», en vez de «sí», es corriente. Si tenemos en cuenta que en árabe existen diversos sonidos para la jota y que ésta es una consonante usada con frecuencia, quizás su utilización en la actualidad sea por haberse conservado en el pueblo.

Existe una costumbre, de la que no conocemos su procedencia pero nos resulta sugestiva, que sólo se da entre los andaluces, como si fuese una seña más de identidad. Esta costumbre consiste en comer con el codo izquierdo de lado sobre el tapete y la mano hacia dentro, oculta bajo la mesa.

De igual forma que los hechos, también las palabras tuvieron que ir modificando su significado para seguir utilizándolas sin darle pábulo a la Inquisición, para continuar con unas prácticas sin temor a ser enjuiciado por hereje. Pero con el cambio se fue perdiendo su origen, al acostumbrarse a nuevas expresiones éstas ocultaron el verdadero sentido de su significado, hasta llegar un punto en que ya no se sabe el porqué de un nombre, de una exclamación, de un rito. Debemos indagar en el pasado, analizar por comparación, barrer el polvo acumulado durante los años oscuros para encontrarle un sentido a lo que aparentemente no lo tiene. Ciertas prácticas se dan por cotidianas, porque siempre ha sido así y punto; a algunas palabras se le conceden un origen incierto porque nadie se ha atrevido a buscar en su procedencia. Miedos, fanatismos, intereses, muchos motivos se dan cita para que todo quede como está, para que esos nosotros sigan siendo Nosotros.

El español es un idioma que le debe mucho a Alándalus, nos atreveríamos a decir que se consolidó como lengua gracias al aporte andalusí. Porque en Alándalus se hablaba, como ya dijimos, una mezcla entre el árabe y el romance, llamada algarabía, escrita en caracteres árabes, de ahí la confusión. El árabe clásico sólo era utilizado en los documentos oficiales y por los escritores más cultos; tal como sucedería con el latín en siglos posteriores. Los poetas más populares escribieron los zéjeles, casi siempre en romance, y las moaxajas, las cuales cerraban con una canción, fundamentalmente en romance, conocidas como jarcha. También nos encontramos con la «aljamía», que es el nombre que reciben los textos moriscos en romance, pero escritos con caracteres árabes. No obstante, la mayoría de las palabras con que surtió Alándalus al español no tienen recogida su procedencia en el diccionario de la Real Academia Española, tal vez sea este otro de los resultados de querer romper las líneas de comunicación con un pasado que no se quiere tener; creemos que sería conveniente una revisión de este diccionario y poner las correspondientes procedencias, quizás entonces se aclare de dónde viene esta lengua española.

Algunos intelectuales sostienen la teoría de que fueron los mozárabes y no los musulmanes los que aportaron su lengua para el desarrollo del castellano. Creemos que es difícil que alguien pueda creer que viviendo las dos comunidades, musulmana y mozárabe, durante siglos en las mismas ciudades y compartido cotidianamente sus vidas, cada una hablase una lengua diferente, la una árabe y la otra romance; esto no se ha dado nunca en la Historia. Además, insistimos, tanto los mozárabes como los islámicos formaban parte de Alándalus, las dos comunidades participaron al unísono en la creación de lo andalusí y, por supuesto, hablaron una lengua común que se conoce como algarabía.

El término mozárabe lleva a equívoco. La RAE, entre otras definiciones, dice:

(Del ár. hisp. *musta'rabí*, gentilicio del ár. clás. *musta'rab*, arabizado, infl. por árabe).

1. adj. Se dice del individuo de la población hispánica que, consentida por el derecho islámico como tributaria, vivió en la España musulmana hasta finales del siglo XI conservando su religión cristiana e incluso su organización eclesiástica y judicial.
2. Se dice del individuo de las mismas comunidades emigrado a los reinos cristianos del norte, llevando consigo elementos culturales musulmanes.
3. Se dice de la lengua romance, hoy extinta, heredera del latín vulgar visigótico, que, contaminada de árabe, hablaban cristianos y musulmanes en la España islámica.

En la entrada 1 dice que era la población hispana, cómo si los musulmanes no lo fueran.

Creemos que con estas definiciones queda claro, pero existe una disposición a pensar que los mozárabes eran ajenos a la cultura andalusí y no es así, tanto ellos como los que practicaban otras religiones formaban parte del conglomerado que conocemos como Alándalus; todos ellos contribuyeron a crear lo que hoy se entiende como andalusí. En la tercera entrada dice que la lengua, que hasta ahora venimos definiendo como algarabía, la nombra como mozárabe y la hablaban tanto cristianos como musulmanes; no tendríamos nada que objetar si esta palabra no llevase a confusión entre la lengua de los cristianos y los islámicos. En la segunda entrada se dice que también son mozárabes los emigrados a los reinos cristianos del norte; éstos serán los que pongan las bases de lo que posteriormente se llamará idioma castellano, gracias a la algarabía o mozárabe.

El español es la lengua romance más latinizada, pero no fue así en un principio, esta búsqueda de palabras latinas se debe a ciertos intelectuales del Renacimiento que quisieron encontrar alternativas fonéticas que no fuesen heredadas de la algarabía. Como resultado tenemos que, para un mismo concepto, la palabra latina es más culta, que muchas de las antiguas expresiones se han ido perdiendo o sólo se conservan en el habla popular y que otras aún en uso, como ya hemos dicho, ni siquiera está recogida su procedencia andalusí en el diccionario de la Real Academia. Pongamos como ejemplo la palabra «raudo», de evolución desde el romance, que fue sustituida por la latina «rápido», más culta y a la vez más utilizada hoy.

No obstante, esta revisión del diccionario no se realizará. No se efectuará porque sería una forma de sacar a la luz nuestro pasado musulmán, el Alándalus que llevamos dentro, resultaría una prueba fehaciente del fracaso de la expulsión, equivaldría a remover una Historia que está bien como está. Para qué hacer caso a esos inconformistas que creen que la conquista árabe del 711 fue un invento, que Alándalus fue una cultura autóctona, que el castellano viene de la algarabía y que ésta, a su vez, era una lengua entre romance y árabe. Como no se hará porque el hispano-visigodo-católico no está dispuesto a admitir ninguna cultura en España fuera de la suya. España es católica y sólo es español lo católico. Aquí todos somos visigodos y punto, al que demuestre lo contrario, como ya no lo pueden callar en una hoguera o similar, se le dirá que desvaría.

Moriscos o gitanos

Todo esto que hemos analizado sobre nuestro pasado musulmán ha ocurrido con el flamenco, una de las mayores señas de identidad del pueblo andaluz que, para desvincularlo de esta tierra intentan demostrar que es una expresión de un pueblo venido desde la India, aunque maticen diciendo que fue en conjunción con lo andaluz. Una expresión cultural que no quieren que ahonde sus raíces más allá del siglo XVIII para no tener que admitir su gran deuda con su pasado andalusí.

De igual forma, guiados por ese espíritu de buscarle un antecedente externo a todas nuestras expresiones artísticas, a ciertos flamencólogos les ha dado por escudriñar los antecedentes musicales del flamenco por medio mundo, entre ellos: canto sefardí[31] de las sina-

---

31 En judío se suele confundir religión, pueblo y nacionalidad. Esto es: mosaico, israelita o hebreo e israelí; pero no es lo mismo, se puede tener una condición sin poseer las demás. En la época visigoda hubo mucha conversión de hispanos a la ley mosaica, por lo que eran judíos sin pertenecer a la raza israelita, no eran hebreos. A estos judíos de procedencia hispana se les conocía como sefardíes y, aunque practicaran esta religión y se preocuparan por conocer sus reglas, se circuncidaran y aprendieran hebreo, su pueblo, su manera de pensar, su cultura, eran hispana. Lo que no quita

gogas, canto gregoriano, danzas africanas[32] e indias, romances españoles. Aparte de que todo lo humano se parece, si nos ponemos a indagar podemos encontrar relación entre los objetos o creaciones más dispares, todo es cuestión de imaginación y tiempo. Por fortuna no se ha hallado nada parecido, ni remotamente, al flamenco en otra parte del mundo, si no ya tendríamos a los cazafantasmas indicando su procedencia fuera de nuestra tierra. Si el flamenco es único, por qué hay que buscarle padres adoptivos. ¿Es que nuestra gente no puede tener el suficiente arte como para crear algo autóctono en el transcurso de los siglos? Como ejemplos claros tenemos el sistema de criaderas y soleras para el vino o el brandy; algo más jerezano, imposible, nadie vino a enseñárnoslos.

En 1841, George Borrow publicó un estudio, *Los Zíncali: Los gitanos de España,* en el que identificaba lo gitano con lo flamenco. En él decía: «Gitanos o egiptanos es el nombre dado en España tanto en el pasado como en el presente a los que en inglés llamamos gypsies, aunque también se les conoce como "castellanos nuevos", "germanos" y "flamencos", [...] El nombre de "flamencos", con el que al presente son conocidos en diferentes partes de España...». Observamos como ya estaban liados los conceptos.

Posteriormente, Antonio Machado Álvarez, en su *Colección de Cantos flamencos recogidos y anotados por Demófilo,* era de la opinión de que el flamenco debía su nombre a sus principales cultivadores, los gitanos, que

---

que, al igual que vinieron a Alándalus árabes originarios que se mezclaron con la población y aportaron su cultura, también llegaran judíos de raza y religión que influyeron con la suya; pero en ambos casos el número fue mínimo.

32 Habría que estudiar si esas danzas africanas parecidas al flamenco fueron llevadas a África por los moriscos desterrados que, tras adquirir connotaciones particulares, regresaron posteriormente en una ida y vuelta.

eran conocidos en Andalucía con dicha denominación, pues los andaluces llaman flamencos a los gitanos en sentido humorístico, pues para nombrar «lo moreno» («caló» y «calé» significan «negro») recurrían irónicamente al prototipo de «lo rubio». Los andaluces, en contrapartida, eran llamados «gachós» por los gitanos.

Según el diccionario, gachó es: m. *col.* Hombre en general, y en especial el novio o amante de una mujer. Según la etimología, gachó (hombre, varón) viene del vocablo caló *gadjó*. Si es mujer le dicen *gadjí*; de aquí el femenino gachí. Ya apuntamos antes el posible origen de esta palabra y del término romaní.

De igual manera, existen hipótesis que apuntan a la influencia en el flamenco de ciertos tipos de bailes provenientes de la India como la danza del kathak. A las que habría que incluir otras de origen africano, caribeño, judío, cristiano; ya hemos dicho que, si nos ponemos a analizar con la intención de buscar similitudes, todo lo humano nos es común. José Luis Navarro García, en *Historia del baile flamenco* (2008), sostiene que las características esenciales del baile flamenco provienen principalmente de la cultura andaluza, gitana y africana.

No obstante, quienes introdujeron en la flamencología la «tesis gitanista» y el «neojondismo», como líneas de investigación, fueron Ricardo Molina Tenor y Antonio Mairena que, en 1963, publicaron *Mundo y Formas del cante Flamenco*. Con un lenguaje sencillo, en el libro se describe la variedad de palos y estilos y se narra la historia del cante defendiendo que el flamenco fue obra exclusiva de gitanos. En él se diferencia el cante grande, que es únicamente gitano, y el cante chico, que resultaría de aflamencar las tonadas folclóricas andaluzas y coloniales.

Durante muchos años, los postulados de Molina y Mairena fueron casi incuestionables. Posteriormente otros autores mantuvieron la «tesis andalucista», la cual sostenía que el flamenco es un producto netamente andaluz, que se había desarrollado íntegramente en Andalucía y sus palos básicos derivan del folclore de esta tierra. De igual forma, opinaban que los gitanos andaluces habían contribuido de una forma decisiva a la formación del flamenco.

La unión de estas dos tesis: gitanista y andalucista, con sus posibles variantes hacia un lado u otro, es la teoría más aceptada hoy entre los estudiosos del flamenco.

Este ensayo sobre los orígenes del flamenco comenzó sin ninguna hoja de ruta, sin ningún tipo de meta fija que nos obligase a dirigir nuestros pasos por una senda obviando las demás. Queríamos encontrar, si no la verdad, que en este caso es casi imposible por los pocos datos disponibles, al menos una teoría que resultase lógica y que nuestras diferentes propuestas no se invalidasen unas a otras.

La primera cuestión que nos planteamos fue la teoría gitanista. En este caso observamos que, aun siendo el pueblo gitano propenso a las artes musicales, es manifiesta la excepcionalidad del flamenco entre las músicas y danzas gitanas de otras partes de España y Europa. No conocemos ningún tipo de manifestación musical fuera de Andalucía en la que el pueblo gitano, ni ningún otro, haya creado algo parecido al flamenco. Esto nos lleva indudablemente a concluir que el flamenco pertenece a Andalucía. Pero ¿tan grande es la influencia de Andalucía como para hacer que un gitano abandone sus ritmos y cree uno nuevo que llamarán flamenco?

En relación con esta idea, Luis Lavaur nos dice:

Digno de anotar es el desdén con que hasta ahora se ha repudiado un hecho capital que todos tenemos ante los ojos. Simplemente: que con la señalada excepción andaluza, no puede ser más palmaria, permanente y radical la nulidad congénita exteriorizada por la gitana grey, en todo tiempo y lugar, en menesteres de creación de modalidades autóctonas en el campo musical, que, de haberse mentalizado, por toda la superficie del mapa de Europa sonaría una música gitana con un aire de familia inconfundible y común.[33]

También tenemos la opinión de Rafael Lafuente:

Lo curioso es que los gitanos no han creado absolutamente nada de lo que se le atribuye. No es obra suya el cante flamenco, ni consustancial a su naturaleza el «ángel» que les reconocemos por rutina, ni las mismas galas femeninas con que se adornan las andaluzas cuando quieren acentuar su personalidad regional[34].

A lo anteriormente expuesto podemos añadir algo que creemos que es importante: en las letras del flamenco rara vez se encuentran palabras del caló. No se puede confundir las palabras del idioma gitano con las de germanía u otras propias de mercheros o quincalleros, de las que sí podemos entresacar algunas. Si el flamenco fuese gitano, su lengua estaría más presente en las letras, sobre todo en las antiguas.

También anotamos en páginas anteriores que no se tiene la cifra de los moriscos que finalmente fueron

---

33 Luis Lavaur; *Teoría romántica del cante flamenco*; Madrid, 1976.

34 Rafael Lafuente; *Los gitanos, el flamenco y los flamencos*; Barcelona, 1955.

distribuidos por el reino de Sevilla a finales del siglo XVI y principios del XVII, tampoco se sabe la cantidad, aunque se supone que sería elevada, de los que ya estaban asentados, bien como esclavos, bien cambiando su identidad, y de los que regresaron del destierro al poco de ser mandados a África, que serían bastante pues, Cervantes, siempre atento a los acontecimientos de su época, lo refleja en el *Quijote* en el encuentro de Sancho con Ricote.

Cómo, ¿y es posible, Sancho Panza hermano, que no conoces a tu vecino Ricote el morisco, tendero de tu lugar? Entonces Sancho le miró con más atención, y comenzó a refigurarle, y finalmente le vino a conocer de todo punto, y sin apearse del jumento le echó los brazos al cuello y le dijo: ¿Quién diablos te había de conocer, Ricote, con ese traje de mamarracho que traes? Dime, ¿quién te ha hecho fantoche, y cómo tienes atrevimiento de volver a España, donde si te cogen y conocen tendrás harta mala fortuna? Si tú no me descubres, Sancho, respondió el peregrino, seguro estoy[35].

De igual forma, dimos noticias de un grupo de gitanos, que se conocían como *tingitanos*, que llegaron a estas tierras procedentes de Tánger (*Tingis*). ¿Qué hacían unos gitanos en el norte de África? No creemos que hubieran recorrido el norte de África, desiertos incluidos, por muy nómadas que fuesen. Podemos asegurar que eran moriscos deportados que regresaban.

En un proceso inquisitorial se expone:

---

35 Miguel de Cervantes, *El Quijote*, Segunda parte, Capítulo 54.

Muchos moriscos de los expedidos de Andalucía y Reino de Granada se van volviendo de Berbería [...] y como son tan ladinos, residen en cualquier parte donde no los conocen como si fuesen cristianos viejos[36].

Manuel Barrios, en su libro *Gitanos, moriscos y cante flamenco*, da las siguientes citas:

Francisco Herrero y su hijo, Antón Morales, Juan Colato, Rodrigo Montero y Francisco Barbero, «fieles católicos» echados de España «por ser descendientes de moros», suplican al rey «hacerles merced de que puedan volver», pero su majestad ordena «que se omita la respuesta desto, pues lo que conviene es llevar adelante lo que se ha hecho para santo servicio de Dios»[37].

Muchos moriscos, viendo el mal tratamiento que allá (en África) les hacían, volvieron a esta tierra pidiendo misericordia y diciendo que querían ser cristianos y darse por esclavo[38].

La mala acogida que tuvieron los emigrados en otros estados les forzó volver a España, de donde fueron expulsados nuevamente; a pesar de ello, siguieron muchos más[39].

Muchos de los expulsados hicieron múltiples diligencias para ser de nuevo admitidos en España. Otros estableciéronse en las costas vecinas a España y muchísimos, jugándose el todo por el todo, regresaron, si no a sus hogares, al país donde nacieron[40].

---

36 Proceso inquisitorial contra Diego Díaz, morisco castellano; Archivo diocesano de Cuenca, leg 437, núm 6169.

37 Archivo General de Simancas, Estado, Roma, 1611.

38 Jaime Bleda; *Crónica de los moros de España*; Valencia, 1618.

39 Riaza y García Gallo; *Historia del Derecho Español*; Madrid, 1934.

40 Miguel Mayorata; *Historia General de España*; Madrid, 1886.

Sobran los testimonios de que a muchos se les hacía tan intolerable la vida fuera de España, que lo arriesgaron todo por volver[41].

Según las noticias que nos han llegado, fueron muchos los moriscos que regresaron a España, pero no se tienen constancia histórica de dónde se instalaron ni de como se dispersaron entre la población para ocultarse y no ser deportado de nuevo.

Como vemos, el morisco estaba condenado al destierro e, incluso a la hoguera si le demostraban prácticas mahometanas, en cambio, el gitano era perseguido solo si llevaba una vida de nómada. Mas, ¿cómo distinguir al verdadero gitano del morisco que se hacía pasar por gitano? El morisco era fundamentalmente un trabajador del campo, en cambio, los gitanos, siempre se mostraron reacios a las labores agrícolas; por lo que debemos de buscar en asentamientos urbanos-rurales para encontrar la pista del morisco. Jerez era una ciudad que siempre ha necesitado de muchos jornaleros, además de estar en las cercanías del Estrecho. En sus nacientes barrios de San Miguel y Santiago, que en el siglo XVII constituían los arrabales de la población, encontrarían un buen lugar donde residir y buscar trabajo en el campo o en sus oficios anexos como la herrería para la fabricación de aperos de labranza, rejas para preservar las casas señoriales, alcayatas para los goznes de sus puertas; aguadores, carreteros, tratantes. Oficios todos que han practicado desde antaño los gitanos de Jerez. No debemos confundir la modesta ferrería gitana con la practicada desde hacía siglos por los moriscos.

---

41   Antonio Domínguez Ortiz y Bernard Vincent; *Historia de los Moriscos. Vida y tragedia de una minoría*; Revista de Occidente; Madrid, 1978; 2ª ed. Alianza; Madrid, 1985.

Otro dato que nos puede ayudar en esta cuestión es que los gitanos nunca se habían asentado, aunque estuvieran cruelmente perseguidos, antes de principios del siglo XVII. En esa época, coincidiendo con el destierro de los moriscos, se establecieron muchos de ellos en ciudades agrícolas de la Baja Andalucía que en la actualidad cuenta con gran número de flamencos. Posteriormente no se volvieron a asentar los gitanos de una manera significativa. Repitamos que el gitano que dejaba la vida de nómada perdía su identidad, era absorbido por la sociedad. Es necesario apuntar que el nómada era perseguido no solo porque la vida errante estaba vinculada al robo y a otros delitos sino porque, al no tener registros de ellos, no estaban sujetos a leva y a tributos; algo necesario para las diferentes administraciones del Estado.

Tenemos otra prueba que es un poco más delicada. Conocemos gitanos que arrastran un poco las vocales tónicas que, por su aspecto, no nos cabe la duda de su origen. Esos no cantan flamenco así vivan en Andalucía desde pequeños.

Blas Infante presentó la hipótesis de una unión entre unos y otros desheredados cuando dice:

> Pero estos moriscos, estos andaluces fieramente perseguidos, refugiados en las cuevas, lanzados de su sociedad española [...] encuentran en el territorio andaluz un medio de legalizar, por decirlo así, su existencia, evitando la muerte o la expulsión reiterada. Unas bandas errantes, perseguidas con saña, pero sobre las cuales no pesa el anatema de la expulsión y de la muerte, vagan ahora de lugar en lugar y constituyen comunidades, dirigidas por jerarcas, y abiertas a todo desesperado peregrino lanzado de la sociedad por la desgracia y el crimen. Basta cumplir un rito de

iniciación para ingresar en ellos. Son los gitanos. Los hospitalarios gitanos, errabundos, hermanos de todos los perseguidos[42].

Como ya se ha visto en este ensayo, estamos de acuerdo con Blas Infante en la integración de lo morisco en lo gitano, pero no porque el morisco se cobijara en las comunidades errantes de gitanos, esto habría dado un mestizaje en el que se hubieran disuelto parte de la personalidad de cada uno; además, el morisco se haría nómada y sabemos que estaba ligado a la tierra de una manera muy particular[43]. Nuestra hipótesis de trabajo es que no existió esa mezcla de culturas gitana y morisca, sino que el morisco se hizo pasar por gitano sin tener que incorporarse a la vida errante. Lo cual no es óbice para que algún morisco se internara en la sierra para hacerse bandolero o se refugiara en caravanas gitanas.

Entendemos que el gitano, que cuando éramos pequeños se le decía en mi ciudad gitano canastero o tártaro para distinguirlo de nuestro gitano flamenco, pertenece a una sociedad muy patriarcal en la que manda el cabeza de familia y la mujer pinta poco. En cambio, como veremos, el nombre artístico de los flamencos lleva a menudo una referencia a su madre: el de la Juliana, la Luz, de Lucía. Además, en las letras rara vez se menciona al padre y el dolor siempre está identificado con la madre. Por otro lado, el nombre artístico de las mujeres se suele poner en femenino: Cantorala, Macarrona. Agreguemos que las mujeres intervienen en el flamenco desde un principio, tanto cantando como

---

42 Blas Infante; *Orígenes de lo flamenco y el secreto del cante jondo*, Sevilla, 1980.

43 Francisco de Idiáquez, secretario de Felipe III afirmo, refiriéndose a los moriscos que «Ellos solos bastarían a causar fecundidad en toda la tierra, por lo bien que la saben cultivar».

bailando, existía poca discriminación a causa del sexo. Este especial matriarcado, especial en cuanto que no aparta al patriarcado, sino que lo complementa, tan propio de hasta hace unos años en nuestra tierra, no tiene que ver con los gitanos sino con la tradición morisca.

Podemos agregar a vuelapluma, sin ningún estudio que lo avale, por lo que es fácil que no acertemos plenamente, que este matriarcado es propio de las culturas agrícolas donde la mujer ha trabajado la tierra junto con el marido.

Curiosamente, en las ciudades y pueblos de este reino en el que mayor número de gitanos existe en la actualidad y el flamenco forma parte se su identidad, es donde se envió parte de ese contingente de moriscos. No es difícil buscarle una relación. Además, se sabe que a partir del primer tercio del siglo XVII la población gitana en Andalucía aumenta de manera espectacular; tanto es así que, cuando en tiempos de Fernando IV, siglo XVIII, se ordena su internamiento en los arsenales de Cádiz y Cartagena, estos resultan insuficientes.

En una pragmática de 9 de mayo de 1633 se puede leer: «..por cuanto estos que se dicen gitanos no lo son de origen ni por naturaleza [...] que viven con nombres gitanos [...] gitanos que hoy tiene ese nombre...». En otra de 22 de septiembre de 1783 «...declaro que los que se llaman y dicen gitanos, no lo son por origen ni naturaleza».

No sabemos si la ocurrencia de hacerse pasar por gitanos fue de aquellos esclavos que se reunían en Jerez para celebrar sus fiestas, si fue idea de los recién llegados o fue fruto de la confusión y el paso del tiempo. Como fuere, a partir del primer tercio del siglo XVII se deja de tener noticias de los moriscos en toda la Baja

Andalucía y se comienza a hablar de gitanos. Unos habían desaparecido como por encanto y los otros, que nunca se habían asentado y que nunca más se volverán a asentar, surgen como por generación espontánea.

La música andalusí

Dentro de la música existen dos sistemas armónicos: El modal y el tonal.

El modal se dispone de acuerdo con los sonidos que conforman una determinada escala musical, emplea formas fijas e inamovibles, con armonías precisas e instrumentos concretos. Este sistema solo atiende a la relación horizontal entre las notas, relegando la armonía a un segundo plano. Sus intervalos son microtonales (inferiores a un medio tono), normalmente cuarto de tono, por lo que en este caso tendríamos veinticuatro notas en la escala.

El sistema modal utiliza diferentes sucesiones de sonido: frigio, dórico, lidio y mixolidio, cada uno de los cuales se divide en una versión auténtica y otra plagal. Cada modo del sistema modal comienza en una nota puntual y tiene una estructura característica que no se corresponde con ninguno de los otros modos.

El tonal implica una jerarquía dentro de las notas, de ahí que cada una de ella lleve un nombre que la determina: I tónica, II supertónica, III mediante, IV subdominante, V dominante, VI superdominante o submediante y VII sensible o subtónica. Está basada en escalas mayores (modo jónico) y escalas menores (modo dórico) y no solo presta atención a la relación horizontal de los intervalos de unas notas con otras sino, fundamentalmente, a la relación vertical de la armonía, a sus modulaciones. Los intervalos son de medio tono, lo que nos da doce notas en la escala; siete notas más cinco alteraciones. Aunque el sistema tonal solo reconoce dos modos, posee doce transposiciones para cada uno de ellos, lo que nos da doce tonalidades en modo mayor y doce en menor.

El sistema tonal será el que se implante en occidente a partir del siglo XVII y dará lo que se llama música clásica. Se le considera más desarrollado que el modal, pues existe una relación matemática entre las notas.

El sistema modal es muy anterior, es la música de la antigua Grecia y la que se difunde por el Mediterráneo durante la Edad Antigua. Es también la música oriental, que se asocia a la árabe, el *modo maqam*, que se caracteriza por la existencia de un orden específico, una organización obligatoria del espacio y de los tonos en el que impera el estado emocional del intérprete.

La música árabe utiliza escalas diatónicas, cromáticas y enarmónicas, que es el uso de sistemas melódicos y rítmicos no armónicos en el que las melodías están asociadas a los modos melódicos, el *maqamat*. Otra de las características de la música árabe es la frecuente utilización de la segunda aumentada, intervalo muy poco frecuente en las melodías occidentales. La escala que se utilizaba en Alándalus, por querer darle una procedencia árabe, se le ha denominado arábigo-andaluza; para nosotros, Alándalus participó en la construcción de la civilización islámica, fue uno de sus componentes, por lo que, en los diferentes campos de las ciencias, las artes, las leyes, asimiló y aportó sin que en la actualidad podamos diferenciar bien lo uno de lo otro[44]. Pero ya hemos dicho que en Andalucía existe la constante de que todo avance tiene que venir de fuera, como si aquí no se pudiera crear nada nuevo. Es importante una revisión de la Historia sin complejos.

Durante la época andalusí se gesta una música que tiene caracteres propios. Una música que viene de antiguo, del mundo del Mediterráneo, de griegos, romanos, de los autóctonos de esta tierra, que se vio enriquecida por la música árabe, por la judaica y tantas otras músicas que traían consigo todos esos artistas que llegaron a Alándalus en busca de una tierra de promisión.

Recalquemos que, cuando nos referimos a la poesía o a la música andalusí en su plenitud de formas estéticas, no debemos pensar en ninguna cultura árabe externa imponiendo sus normas métricas o rítmicas en Alándalus, sino de un estilo andalusí con características autóctonas que influyó de manera decisiva en el mundo árabe.

Adolf Fiedrich von Schack, famoso arabista, nos dejó escrito: «En resumen, la música, el canto y el baile estuvieron muy extendidos, tanto entre la alta sociedad como entre el pueblo; y tan fuertemente arraigados, que el juez sevillano Ibn al-'Arabi defendió la música frente a las restricciones de los eruditos religiosos. Y aún es más significativo que fuese en al-Andalus donde se puso música a la poesía popular representada por el

---

44 Como ejemplos de aportaciones de Alándalus al mundo islámico tenemos el arco de herradura y la estrella de ocho puntas. Ambos, está demostrado, que ya existían en esta tierra, que actualmente llamamos Andalucía, desde mucho antes de la creación del islam. El arco más antiguo que se ha encontrado se halla en la basílica paleocristiana de Vega del Mar, en San Pedro Alcántara, Marbella (Málaga), está datado en el último tercio del siglo IV.

zéjel y la moaxaja, cantados en todas partes y en toda ocasión».[45]

En general, se tiende a ver las diferentes músicas como si unas proviniesen de otras, como si pudiesen existir unas músicas hegemónicas y otras subalternas, cuando todas influyen en las demás. Una forma musical antigua puede dar lugar a otra más moderna, ésta a la modificación de aquella y, entre ambas, a la aparición de una tercera más evolucionada; nada se da sin solución de continuidad, nada surge de manera espontánea. En ocasiones los diferentes padres se difuminan en la historia, en otras no se está dispuesto a aceptar ciertas paternidades o autorías. Intentar comprender la música andalusí sin tener en cuenta el sustrato cultural hispano-romano, e incluso anterior, y querer analizarla sólo a través de las influencias árabes orientales, es desorientarnos desde un principio.

Se denomina música andalusí a la desarrollada en Alándalus y que, llevada por los moriscos en su destierro, se ha mantenido hasta nuestros días en los países del Magreb. También es conocida como «hispanomusulmana» o «arábigoandaluza».

El primer músico andalusí conocido fue el esclavo liberto Ziryab, por nombre Abu l-Hasan Ali ibn Nafi (Irak, 789 – Córdoba, 857) que, procedente de Bagdad, llegó a la corte cordobesa de Abderramán II. El joven y portentoso Ziryab se encuentra en la Península una serie de canciones y melodías populares que estructura según sus conocimientos obtenidos en oriente para crear la nuba. Esta música evolucionaría posteriormente de la mano de sabios como Ibn Bayya, conocido como Avempace, (Zaragoza, hacia 1080 – Fez, 1139).

---

45 A.F. Schack; *Poesie und Kunst der Araber in Spanien und Sizilien*; 1865. Hay una edición moderna en español editada por Hiperión, 1988.

Ya hemos hecho hincapié en que la influencia e importancia de Alándalus en la Historia de España es mucho mayor de lo que algunos están dispuestos a admitir; ahora, al mencionar a este erudito, diremos que el himno de España no es prusiano, tiene su origen en una *tusiya* u obertura instrumental del movimiento *Dary* de la *Nuba al-Istihlál* de Avempace; como es lógico, una obertura no tiene texto, tal vez sea ese el motivo de que el himno español no tenga letra[46].

Las primeras interpretaciones musicales andalusíes serían para solaz de emires, nobles y altos cargos de la corte en sus reuniones, baños o paseos por salas o serrallos; donde serían amenizados por cantores, danzantes y músicos. Por ello, la figura de la esclava cantora adquirió un gran prestigio, tanto para ella como para su propietario. También se incorporó la música a la educación femenina de las clases altas, a las muchachas se les enseñaba a tocar algunos instrumentos y en las reuniones familiares se hacía cantar por turno a las hijas del anfitrión. No obstante, aunque de ello se tienen menos noticias, el pueblo también celebraría sus fiestas con cantos y bailes que evolucionarían con una mayor lentitud.

Por otro lado, debemos tener en cuenta que mientras la música europea de la época era eminentemente religiosa, en Alándalus fue ante todo profana, donde, además, la común relación maestro-alumno hizo que apenas se plasmara la música en algún tipo de anotación.

Los elementos musicales primitivos andalusíes fueron:

---

46 En https://youtu.be/5CTqdu1RHxc se puede oír esta obertura para que el lector sea quien aprecie el parecido.

—El sustrato autóctono legado por la cultura hispano-romana.
—Los modos jónico y frigio inspiradores de la liturgia bizantina-griega, mantenida por la Iglesia mozárabe.
—Primitivos sistemas musicales hindúes e iraquíes transmitidos por el sirio Ziryab, en el que destaca lo reiterativo y ornamental.
—Cánticos y músicas árabes orientales, que entroncan con el Egipto antiguo, Mesopotamia y Asiria.
—Melodías salmodiales y sistema musical judío.
—Canciones populares mozárabes y musulmanas.

Estos elementos muestran la convergencia en Alándalus de los más diversos influjos: hindúes, iraquíes, helénicos, bizantinos, judíos, árabes, magrebíes, autóctonos; tanto religiosos como profanos, cultos como populares.

En Alándalus se llegaron a fabricar y utilizar numerosos instrumentos musicales. Al-Darraj enumeró 31 instrumentos, entre ellos: pandero, albogón, vigüela, tambor, laúd, rabel, guimbri, guita[47] o ghayta, flauta, aduf, cítara de caja, nafir.

A parte de la percusión, la instrumentación andalusí se sustentaba en los cordófonos, que desembocará en la posterior hegemonía de la guitarra.

Las cuerdas del laúd (del árabe *oud*) tenían relación con los cuatro elementos, basado en los principios filosóficos que conectaban el mundo espiritual y anímico con el plano físico. Cuatro elementos, cuatro humores en el mundo: la atrabilis, que corresponde a la tierra, por fría y seca, nota LA, negro; la flema, con el agua,

---

47 Quizás venga de aquí la palabra «guita», muy usada en Andalucía, por ser este un instrumento largo y fino. En el diccionario a «guita» se le da una posible procedencia alemana «*Witta*» o latina «*vitta*».

húmeda y fría, nota RE, blanca; la sangre, con el aire, caliente y húmedo, nota SOL, rojo; la bilis, con el fuego, caliente y seco, nota DO, amarillo. Ziryab le incorporó una quinta cuerda que él relacionaba con la vida. Vemos que la afinación es por quintas, semejante a los actuales instrumentos de cuerda frotada, en concreto es igual a la viola.

Podemos distinguir dos maneras de concebir la música en Alándalus: la cortesana y la popular. Como cortesana podemos considerar la nuba, más culta y extensa, con estructura jerarquizada y tan inmovilista que sus repertorios se han conservado, casi invariables, hasta la actualidad. Por otro lado, tenemos la moaxaja y el zéjel, que son composiciones populares junto a los posteriores romances moriscos; más breves en su estructura y más dinámicas en cuanto a su evolución que la nuba, donde también se pueden distinguir los que se ajustaban a los metros establecidos y los que tenían pocos conocimientos de ellos. La nuba fue la música palaciega del califato, mientras las Taifas propiciaron una generalización de las artes, una vuelta hacia lo popular que traía aparejada en música la moaxaja y el zéjel. Hasta el punto se desarrollaron las artes y el conocimiento, que se puede decir que el verdadero espíritu de Alándalus está en las cortes de esos reinos de Taifas, que competían unos con otros por destacar; algo que volvería a suceder en las Ciudades Estado de la Italia renacentista.

Las creaciones musicales más significativas del período andalusí son: la nuba, la moaxaja, con su remate en jarcha, y el zéjel.

LA NUBA

La palabra «nuba» significa «hora» o «turno», probablemente por tener cada hora del día una específica o por el turno que debía guardar cada músico para actuar ante el califa. En Argelia sólo han sobrevivido dieciséis nubas y en Marruecos once, así que todas juntas incluyen veinticinco modos andalusíes. Cada nuba está dividida en cinco partes llamadas mizan, a cada una de las cuales les corresponde un ritmo. Cada nuba puede durar seis o siete horas. Cada mizan comienza con un preludio que es seguido de unas veinte canciones, llamadas Sannas. Los tiempos de sus partes son independientes y mantienen un desarrollo progresivo desde el ritmo moderado y lento, seguido de un andante, un alegro y, finalmente, un presto.

Aunque no se posee documentación escrita, la tradición oral cuenta que fueron veinticuatro las piezas o nubas que originariamente conformaban el repertorio; una para cada hora del día.

La nuba tiene unos orígenes anteriores, pero se configura como suite musical en el siglo IX de la mano de Ziryab para perfilarse durante el período omeya. No obstante, la toma cuerpo en los reinos de Taifas y en las épocas almorávide y almohade. Aún así, no es hasta el período nazarí cuando adopta su configuración final. Durante el siglo XI esta música se fue introduciendo gradualmente en Europa por influencia de los trovadores franceses.

La nuba es una respuesta de Alándalus a la unidad estructural de la música que luego se planteará Europa en el Renacimiento y que dará lugar al contrapunto y la polifonía. En algunas nubas hay una presentación o preludio que expone ciertos temas que luego se desarrollarán en la propia nuba, con lo que tenemos una idea de unidad muy lejos del esquema fragmentario de la música medieval anterior y coetánea en Europa. Por otra parte, los distintos fragmentos cantados se encuentran enlazados por interludios musicales que dan una unidad estructural a toda la obra. Con todo ello, se puede decir que Alándalus se adelantó varios siglos, también en música, a las grandes formas instrumentales europeas al crear la suite.

Según Christian Poché[48] «la Nuba se basa en una serie de movimientos jerarquizados que en ningún caso se pueden permutar, y cuya aceleración engendra la aparición de nuevas fórmulas rítmicas, contabilizadas y codificadas en su totalidad, ya que en ningún caso se dejan al azar».

La música andalusí, de igual forma que el resto de las manifestaciones artísticas de Alándalus, obedece siempre a una codificación muy detallada, que permite al artista expresarse con libertad, aunque se mueva dentro de las estructuras rígidas acordadas por la tradición. En esto también nos recuerda al flamenco.

Guettat[49] opina que «la nuba evoca en sus textos poéticos un sentimiento, un estado de ánimo particular, y de acuerdo con una norma formal, debe interpretarse en un determinado momento del día... e incluso encontramos algunas que son ejecutadas en ocasiones especiales». Volvemos a pensar en el flamenco.

Son varios son los autores que enumeran parentescos entre la nuba y el flamenco por la presencia de versos y estrofas cortos, los jaleos e invocaciones que interrumpen el desarrollo, la afinidad entre el *nasid* y los recitati-

---

48 Christian Poché, *La música Arábico-andaluza*, Akal ediciones, 1997.

49 Mahmoud Guettat, *La Música andalusí en el Magreb*, Fundación El Monte, Sevilla, 1999; p 48.

vos flamencos, la polirrimia, la polimetría, la diversidad métrica. Cortés[50] dice: «Su riqueza melismática[51] y su carácter modal, hace que sintamos este género cercano a algunos palos del cante flamenco, especialmente si se interpreta en modos clásicos». La autonomía con respecto a la voz la tenemos, en el flamenco, en los preludios que interpreta la guitarra de manera libre antes de cada tercio.

Donde no cabe duda es en que la nuba está en el origen de la música popular andaluza y española.

LA MOAXAJA

Se le otorga la creación de la moaxaja a Muqaddam ben al-Mucafa al-Qabri, conocido como el Ciego de Cabra (m. 911-912). Anteriormente existían en Alándalus unas cancioncillas de las que al-Tifasi, en el siglo XIII decía: «En lo antiguo, las canciones de la gente de Alándalus o eran por el estilo de los cristianos o por el estilo de los camelleros (árabes), sin que tuvieran normas sobre las cuales basarse hasta el establecimiento de la dinastía omeya». En el siglo IX fue cuando se le dio una estructura estrófica a algunas de estas canciones en un poema llamado Moajaxa, que significa «adornado con cinturón de doble vuelta». Su novedad consistió en el uso de varias sesiones de versos cortos, que incluían preludio o cabeza (*matla*), estrofa o mudanza (*gusn*),

---

50 M. Cortés García, *Pasado y presente de la música andalusí*, Fundación El Monte, Sevilla, 1996; p 29.

51 El canto melismático es aquel en el que se emplea muchas notas por cada sílaba, en oposición al canto silábico en el que cada nota corresponde a una sílaba.

estribillo o vuelta (*markaz*), estrofa o mudanza y estribillo o vuelta con jarcha.

El tema amoroso es muy recurrente en sus composiciones, algo que hoy no sorprendería, pero a mediados del siglo IX, tanto en oriente musulmán como en la Europa cristiana, eran cuestiones fuera de su tradición, se consideraba tabú o no siquiera se pensaba en ellos. Esto nos informa de la independencia religiosa e ideológica de Alándalus y de cómo ya se vivía en un ambiente de permisividad propio del Renacimiento. Dentro de las reseñas amorosas no es difícil encontrar referencias a amantes del mismo sexo.

Las estrofas eran de cinco o seis versos, en los que los primeros rimaban entre sí y otros con los últimos de las diferentes estrofas, para constituir de este modo un doble juego de rimas en las que unas mantenían la unidad estrófica y las otras le otorgaban coherencia a la composición. Todo ello con compases claros, compactos y regulares que los hacía fácilmente reconocibles. Otra de las características de la moaxaja es que, aunque está compuesta en árabe clásico, a excepción de la jarcha, no se basa en ninguno de los dieciséis metros clásicos de la poesía árabe.

En la moaxaja, el cantante asume el papel principal, apareciendo a menudo una octava por encima del coro de instrumentistas.

El remate de la moaxaja es la jarcha, que significa salida, de la que, aunque existan unos versos de transición, adquiere una unidad independiente. La jarcha puede tomar forma de dístico, trístico, o de diferentes cuartetas, incluida entre ellas las que poseen aire de seguidilla. Algunas estructuras métricas, que hoy se consideran genuinas del flamenco, ya aparecen en la composición de las jarchas. También ellas están en el origen de las canciones ibéricas y francesas del Medievo, en los villancicos y en el *Romancero español*. Incluso hay quien sostiene que fueron las moaxajas las que se habían articulado en torno a las jarchas, no al revés.

Una de las características más importante de las jarchas es que no están escritas en árabe, sino en romance, o sea, en el habla común del pueblo andalusí. Ya hemos dicho que en Alándalus, como ocurriría con el latín en Europa durante el Renacimiento, el árabe era la lengua culta; en ella se redactaban los documentos oficiales y se escribían los libros, tanto los científicos como los filosóficos o de literatura. Pero el pueblo hablaba en algarabía, una mezcla entre el árabe y el romance, la lengua de las jarchas, por eso se entendían entre los diferentes reinos de la Península independientemente de sus creencias; por esa misma razón, Alfonso X decidió incorporar el romance a los textos oficiales, al ser ésta la lengua cotidiana de todos, castellanos y andalusíes, con sus escasas diferencias. Así se explica la influencia que tuvo la algarabía sobre el castellano, aunque no se quiera reconocer oficialmente. La jarcha es el ejemplo escrito más antiguo que se conoce en lengua romance.

Para Galmés[52]: «El mundo poético de las jarchas mozárabes nos descubre un código amoroso unitario, en gran parte concordante con el de la lírica primitiva gallegoportuguesa, castellana, francesa o italiana enmarcado en una estructura métrica característica. Estamos, pues, ante un corpus sólido y trabado, de temas motivos, expresiones, rasgos sicológicos y estructura forma... el código amoroso "escolar" de las jarchas, que hace especial referencia... a los temas de la canción de doncella amante, es ignorado por la tradición islámi-

---

52 Álvaro Galmés de Fuentes, «Las *jarchas* mozárabes y la tradición lírica romántica», en *Lírica popular / Lírica tradicional,* Universidad de Sevilla, Fundación Machado, Sevilla, 1998; p 50.

ca, que considera estas canciones de doncella características de los... no-árabes... aunque algunas de ellas puedan ser creación individual de los poetas árabes o hebreos autores de muasajas... en su conjunto resulta incomprensible que éstos hayan podido inventar, para la mayoría de los casos, temas tan extraños a sus propias tradiciones como son los de las canciones de doncella». Estamos de acuerdo con Galmés en cuanto a la tradición árabe oriental, pero él no considera el hecho de que Alándalus tenía su propia tradición y forma de entender incluso la religión, por lo que el tema de las jarchas es un producto andalusí en general y no sólo de los mal llamados mozárabes.

Pongamos un par de ejemplos de jarcha que suponemos no necesitan traducción:

> Váise mieo corachón de mib.
> ¡Ya Rabb! ¿Si se me tornarad?
> Tan mal mi duóled li—habíb,
> Enfermo yed ¿Cuánd sanarad?

En esta otra se nos presenta la figura de la madre mediante la confidencia de la mujer doliente:

> Garr: ¿Qué fareyo?
> ¿Cómo vivireyo?
> Este 'l-habib espero;
> Por él morreyo
> ¿Qué faré, mamma?
> Mieo 'l-habib est'ad yana
> Non dormireyo, mamma
> ¡Ya madre ar-rahima
> ¿Qué faré, mamma?
> ¿Qué fareyo, mamma?

Ahora un tercero que traduciremos:

¡Tant' amáre, tant' amáre,
habib, tant' amáre!
Enfermiron wekios nidios
e dólen tan málē.[53]

EL ZÉJEL

El zéjel o zajal es una composición poética cuya creación se le atribuye a Avempace (Zaragoza, 1070-Fez, 1138), el cual también había perfeccionado la nuba y difundido la moaxaja. Llegó a su apogeo de la mano del cordobés ibn Quzmán (hacia 1078 –1160), del que nos ha quedado un solo códice, *Cancionero o Diwan*, publicado en Madrid en 1933 por A. Nykl, bajo el título de *El cancionero de Abén Guzmán*. Consta de ciento cuarenta y nueve poemas como este que ponemos de ejemplo:

Cuando muera estas son mis
instrucciones para el entierro:
dormiré con una viña entre los párpados.
Que me envuelvan entre sus hojas como mortaja
y me pongan en la cabeza un turbante de pámpanos.

Ibn Jaldun (1332 – 1406), de familia sevillana, aunque nacido en Túnez, dejó escrito: «Habiendo alcanzado su poesía una densa producción y una técnica bien

---

53   ¡De tanto amar, de tanto amar, / amigo, de tanto amar! / Enfermaron mis ojos antes sanos / y que ahora duelen mucho. Jarcha de Yusuf al-Kātib.

elaborada, los andalusíes crearon un nuevo arte al que denominaron muwassaha. Cuando este arte se propagó entre ellos, el pueblo tejió prototipos idénticos a la muwassaha en cuanto a su forma, que sin embargo hacían uso de la lengua dialectal sin desinencias y que se llamó "zayal"». Señalemos que ibn Jaldun dice: «uso de la lengua dialectal», la algarabía.

El zéjel, en su brevedad y variedad tan diferentes a la poesía clásica andalusí, monostrófica y repetitiva, es la base de los poemas cantables y bailables de la música española. De él surgieron probablemente los villancicos que se cantan en Jerez, de los que nos ocuparemos en otra obra. Su estructura se acerca a la de las letras del flamenco: cuartetas asonantes en mudanza individual. Estaba ordenado en tres partes: preludio, desarrollo y cierre; que recuerdan al estribillo, mudanza y vuelta al estribillo, del futuro romance castellano y a los tercios del flamenco. El último verso del zéjel, denominado «verso de vuelta», rimaba con el estribillo cantado en forma colectiva. En contraposición con las moaxajas, los zéjeles están escritos fundamentalmente en romance y carecen de jarcha.

Todo esto nos lleva a pensar que la cuarteta octosilábica asonantada, característica del flamenco, habría surgido ya en la poesía andalusí y es en esa fuente donde habría que buscar sus orígenes. Como dejó escrito Gutiérrez Carbajo[54]: «Algunos de los modelos de nuestras coplas flamencas, tanto desde el punto de vista temático como expresivo y estructural, se encuentran en los primitivos "cantos andalusíes"». No obstante, el vínculo de la lírica andalusí con el flamenco debe entenderse teniendo en cuenta las interconexiones con

---

54 F. Gutiérrez Carbajo, «Jarchas y zégeles», *Historia del Flamenco*, tomo I, editorial Tartessos, Sevilla, 1995; p 147.

otras formas líricas españolas y no como un producto exclusivamente meridional o islámico. De hecho, como venimos diciendo, la cultural andalusí no es sólo islámica, sino además cristiana, a través de los mozárabes, y judía; pero también, y fundamentalmente, hispano-romana gracias al pueblo que la sustentaba y era heredero de todo el pasado cultural de esta tierra. Está probado que en el siglo X las diferencias entre las tradiciones musicales andalusí y medieval cristiana eran insignificantes; las dos constituían un mismo tipo modal y se basaban en escalas de similar principio armónico. Incluso, posteriormente, las *Cantigas de Alfonso X* o el *Cancionero de Baena* presentan pocas diferencias con la música andalusí.

Por ello, si queremos buscar los orígenes del flamenco, lo andalusí es sólo un paso más. El flamenco tiene que ver con la conciencia primigenia de un pueblo como tal y ancla su pasado en la noche de los tiempos, en la relación entre los hombres y éstos con la Naturaleza y las fuerzas divinas. Que en Alándalus se diesen músicas o poemas que nos lo recuerda no es más que una consecuencia lógica, puesto que hablamos del mismo pueblo y de una misma forma de sentir y ver el mundo.

Parece claro que en Alándalus se da una evolución de la lengua romance que se enriquece con aportaciones del árabe; lo que no está tan claro, y los lingüistas deberían investigar sin presiones externas de ideologías antimusulmanas, es si este idioma que se llama castellano tiene como transmisor histórico al idioma andalusí, pero no al oficial, que es árabe, sino al usaba el pueblo para hablar y escribir sus coplas; en definitiva, si el castellano es una evolución de la algarabía.

Ahora bien, ahí radica uno de los problemas, este idioma no se escribía con caracteres latinos sino en grafía árabe, sistema que se conoce como aljamía, y eso confunde a unos y les es motivo de rechazo para otros. Hasta el punto que se suele decir que las jarchas son mozárabes, cómo si los mozárabes hablasen un idioma y los musulmanes de Alándalus otro, aunque viviesen juntos, por más que formasen parte de una misma cultura. No, la algarabía la hablaban todos y las jarchas y los zéjeles los escribían tanto unos como otros. Aunque aquí lo que importa no es la escritura sino la oralidad, la grafía es algo que se modifica sin demasiados problemas. Ya hemos visto que estas jarchas suenan a castellano antiguo, ¿no será esta lengua el origen de nuestro idioma?

La relación entre los zéjeles y la moaxaja y el flamenco se pueden resumir en cuatro:

1. Raíz popular.
2. Brevedad.
3. Improvisación.
4. Tendencia al dramatismo.

Como sistema modal, el flamenco es un cante muy reglado; el cantaor puede incluir melismas, quejidos, algún adorno, pero la ejecución debe ajustarse a unos cánones muy precisos. Cada palo se sigue ejecutando hoy en día como antiguamente, es más, se valora cuando al cantaor se le aprecia un sonido antiguo; toda innovación termina siendo una canción aflamencada, no flamenco. Esta característica nos hace recordar las reglas de la nubas y otros cantos andalusíes, que se han mantenido invariables durante siglos. En flamenco se dice que se va a cantar «por» soleá, «por» seguiriya, «por» bulería, que indica que se está dentro de un sistema modal, de fórmulas rítmicas propias y estancas. Un bolero, por ejemplo, es un tipo de música que admite cualquier melodía, a nadie se le ocurre decir que va a cantar por bolero, sino un bolero. Esta diferencia hace la reglamentación rígida del flamenco, en el que cada palo hay que cantarlo como es y solo se diferencia por la disposición emocional del ejecutante y la característica propia de cada palo: amorosa en la soleá, introspectivo en la seguiriya, alegre y desenfadado en la bulería.

Incluso dentro del mismo palo, si el ejecutante realiza alguna variación apreciable, se dice que es, por ejemplo, una soleá de fulano o una seguiriya de mengano, para diferenciarla de una modalidad anterior. Esto corrobora lo invariable que resulta una ejecución.

Otra particularidad del flamenco es que es un cante de una sola voz, en la que predomina el modo de Mi mayor (el modo frigio griego) y su relativo Do# menor con el sexto grado alterado. El cantaor ejecuta y no es contestado por ningún coro o segunda voz, es un discurso único y prefijado. Sus letras son, como el romance, de rima asonantada en los versos pares; lo que nos vuelve a trasladar a tiempos muy pretéritos. La seguiriya[55], con su particular composición poética, también es un poema de honda tradición popular en esta tierra.

La palabra seguiriya, con «y», pertenece a una forma de escritura andalusí donde, por la influencia del árabe, ese sonido se representaba con «y»; por ejemplo Umeya, Ziryab o Alcotiya. Luego el castellano la haría propia con «ll», seguirilla, aunque es tal la fuerza de la tradición, de su origen, que en castellano se ha mantenido los dos formas y, en Andalucía, con «y».

Además de todas las correspondencias que hemos señalado entre el flamenco y la música andalusí, debe-

---

55 La seguiriya mezcla los versos menores con uno mayor en una cadencia silábica de 6 – 6 – 11 – 6, en el que el último verso puede ser la repetición del primero.

mos tener en cuenta que los cantes básicos o jondos del flamenco son modales, a excepción de las cantiñas, lo que nos da una idea de su antigüedad, pues si hubiese sido una creación posterior al siglo XVI su estructura hubiera sido tonal. El hecho de ser modal nos remite a una época anterior al Renacimiento. Cantes modales son: toná, soleá, seguiriya y tango; tonales son las cantiñas y sus variantes y los cantes aflamencados: caracoles, mirabrás, garrotín, guajira; cantes mixtos son los fandangos.

Entre los ritmos del flamenco se suelen simultanear los ritmos ternarios con los binarios, en contraposición a la música clásica, que no suele emplear más que un sistema rítmico, bien binario o terciario, al mismo tiempo. Además, en el barroco, en la música clásica es muy frecuente la existencia de un bajo continuo que sostiene la melodía, con el que se abandona la vieja polifonía por una música rica en escalas, cadencias y progresiones, con multitud de adornos (trinos, apoyaturas, etc.) e incluso improvisación.

En el aspecto vocal, la voz en el flamenco no se imposta como en la música coral o en la ópera. La del flamenco es una voz natural y, lo que en otras músicas serían defectos tímbricos, pueden ser incluso virtudes. Este aspecto se debe a su carácter de exclusión social, a su apego a la tierra, a una pretensión de teatralidad, que nada tienen que ver con las aspiraciones sonoras de la música sacra o profana tradicionales. Este concepto es especialmente interesante porque la realidad solo ha formado parte del arte a partir del siglo XX, hasta ese momento las representaciones artísticas se amparaban en un escenario que idealizaba los conceptos.

El flamenco se comporta como un género propio. Es decir, no se enclava dentro de la música clásica, ni en la popular, ni en el folclore. Tiene la capacidad de impregnación de sus características cuando entra en contacto con otros géneros, así se detecta su presencia con facilidad cuando se ha usado en música clásica, caso de Falla, Turina o Albéniz, o cuando moldea la música popular contemporánea aflamencándola sin que esta se considere dentro del flamenco.

Desde el punto de vista armónico, el flamenco usa como armazón el modo frigio medieval influido por la escala árabe. El modo frigio es de procedencia griega antigua y su uso fue muy extendido durante el medievo en toda Europa.

El origen del flamenco

«Estaba sentado en un alféizar (palabra que proviene del árabe) de un Carmen (palabra que proviene del árabe) del Albaicín (palabra que proviene del árabe), admirando la Alhambra (palabra que proviene del árabe) mientras me comía un *joyo* de pan con aceite y azúcar (palabras que provienen del árabe). De fondo se oía flamenco (palabra que proviene de... Holanda). Eso opinan los académicos de la lengua. Quizá porque piensen con ella. Con la lengua».[56]

Según el diccionario de la Real Academia Española: flamenco, ca.

(Del neerl. *flaming*).

1. adj. Natural de Flandes. U. t. c. s.

2. adj. Perteneciente o relativo a esta región histórica de Europa.

3. adj. Se dice de ciertas manifestaciones socioculturales asociadas generalmente al pueblo gitano,

---

56 Antonio Manuel, *La huella morisca*, p 141.

con especial arraigo en Andalucía. *Cante, aire flamenco.*

4. adj. coloq. Chulo, insolente. U. t. c. s. *Ponerse flamenco.*

5. adj. coloq. Dicho de una persona, especialmente
de una mujer: De buenas carnes, cutis terso y bien
coloreado. U. t. c. s.

Para conocer el origen del flamenco, como expresión cultural, tal vez nos sea útil investigar sobre el significado de su nombre.

De principio desechamos cualquier conexión con
Flandes, ya que nos parece demasiado arriesgado realizar comparaciones entre el cante flamenco y el carácter
de un holandés, con quien comparte sólo la palabra,
pero no su posible origen. Que se sepa, ni los gitanos
ni los moriscos tomaron parte, al menos significativa,
en los Tercios de Flandes.

De las múltiples teorías acerca del origen del vocablo «flamenco» unas gozan de una mayor aceptación,
otras no han pasado de ser una mera anécdota; incluso
existen algunas propuestas que son de lo más peregri-
nas o pintorescas.

Una de ellas, que llegó a tener algunos adeptos en
una época, es la que afirmaba que flamenco era el
nombre de un cuchillo o navaja. En el sainete *El sol-
dado fanfarrón,* de González del Castillo, escrito en el
siglo XVIII, se dice: «El militar que sacó para mi esposo
un flamenco». En una copla recogida por Rodríguez
Marín se puede leer: «Si me s'ajuma er pescao / y des-
envaino er flamenco / con cuarenta puñalás / se iba
a rematar el cuento». Esta hipótesis tiene hoy pocos
seguidores.

Rodríguez Marín propuso que la palabra flamenco venía por el ave del mismo nombre. Argumentaba para sostener esta afirmación que los bailaores usaban chaqueta corta, eran altos y quebrados de cintura, por lo que se parecían al ave zancuda conocida como flamenco. Esta conjetura tuvo muy poco recorrido.

Algunos autores, entre ellos Hipólito Rossy o Carlos Almendro, afirmaban que la palabra flamenco surge porque la música polifónica del siglo XVI se acrecentó en Flandes. George Borrow y Hugo Schuchard también centraban el origen de esta palabra en Flandes, aunque con el argumento de que antiguamente se creía que los gitanos eran de procedencia germana. Estás teorías han quedado totalmente en el olvido.

Manuel García Mateos opinaba: «Flamenco procede del argot empleado a finales del siglo XVIII y principios del XIX para catalogar todo lo que significa ostentoso, pretencioso o fanfarrón o, como podríamos determinar de forma andaluza, echao p'alante». Tampoco tuvo mucho recorrido su propuesta.

Según Blas Infante[57], el término flamenco procede de la expresión andalusí «*fellah min gueir ard*», que significa «campesino sin tierra», o «*felah-mengu*», «campesino huido». Según sus premisas, después de las sublevaciones moriscas se produjo una alianza entre moriscos y gitanos que llevó a la fusión de sus modos musicales; algo que, siglos más tarde, desembocaría en el flamenco. Este autor opina que muchos moriscos se integraron en las comunidades gitanas, con las que compartían su carácter de minoría étnica al margen de la cultura dominante y, supone, que de ese caldo de cultivo debió surgir el cante flamenco, como manifes-

---

57 Blas Infante, *Orígenes de lo flamenco y secreto del cante jondo*, 1929-1931, editado por la Junta de Andalucía, Sevilla, 1980.

tación del dolor que ese pueblo sentía por la aniquilación de su cultura.

Blas Infante sitúa la creación del flamenco en período que abarca casi dos siglos, desde el segundo cuarto del XVI al último del XVIII, y atribuye su gestación a «una conmoción social disgregante del conjunto social al que sirvió de expresión». Según su teoría, la música del Medievo se pierde en el siglo XVI para reaparecer, «afectada por una extraña técnica y en poder de los gitanos», en el siglo XVIII. Este autor sostiene que gran parte de los moriscos a los que se quería expulsar se refugiaron en lugares donde no eran conocidos o se ocultaron en las sierras; así como muchos de los expulsados regresaron de su exilio buscando el amparo de los gitanos, pueblo igualmente perseguido y hostigado. Parias que se reconocieron como iguales ante la presión del Gobierno y se comprendieron a través de la música y la danza reunida en la denominación «flamenco»: campesino sin tierra, campesino huido; porque labradores huidos y sin tierra eran unos y errantes los otros. «Grupos heterodoxos de la ley» cuyo nombre no trascendería hasta el siglo XIX a causa de la Inquisición. «Comienza entonces la elaboración de lo flamenco por los andaluces desterrados o huidos en los montes de África y España... La estirpe creadora, reducida a la condición gitana».

Otra teoría nos la presenta el padre García Barrioso, quien considera que tal vez el origen de la palabra flamenco esté en consonancia con la expresión árabe usada en Marruecos *fellah-mangu*, que significa «los cantos de los campesinos».[58] Así mismo, Luis Anto-

---

58 Padre García Barriuso, *La música hispanomusulmana en Marruecos*, Larache, 1941.

nio de Vega[59] recoge las expresiones «*felahikum*» y «*felah-enkum*», que tienen el mismo significado.

No obstante, la hipótesis que más nos convence es la propuesta por Antonio Manuel, que sostiene que término flamenco viene del árabe *felah-mencub*. *Felah* significa campesino y *mencub* se traduce por desposeído; pero no sólo de bienes materiales, que sería *mindún* (de ahí ser un mindundi), sino también de su identidad. Por lo tanto, *felah-mencub* sería un campesino marginado, excluido: un jornalero.

Antonio Manuel[60] nos indica: «Etimológicamente, flamenco proviene de los términos en árabe *felah* significa campesino, y *mencub* se traduce por excluido, marginal, desposeído de la tierra, de su casa, de su lengua, de su vestido, de su religión... pero no de su memoria. A mi alumno marroquí Amin Sadik le rogué que escribiera con grafía castellana los sonidos de ambas palabras. Como una aljamía invertida. Y escribió esto: FLAMENCO.

«...Le rogué a este alumno marroquí que me pusiera un ejemplo para entender mejor el significado de la palabra y así me contestó: "imagina que estás dando agua a un grupo de sedientos; al *mencub* no le darías nada por desahuciado, por nadie, por ser precisamente quien más la necesita". Y me puso otro ejemplo aún más contundente: "al *mencub* le falta lo más evidente: una pierna, una mano, un ojo". Y yo le contesté: el alma».

En definitiva, lo que parece indudable es que el término flamenco viene de *felah*, ya sea campesino o jornalero. De ahí deducimos que la procedencia de este

---

59 Luis Antonio de Vega, «El baile de los pájaros que se acompañan con sus trinos», *Origen del Flamenco*.

60 Antonio Manuel, *La huella morisca*, p 141 s.

vocablo es andalusí y que nos ha llegado a través de los moriscos.

La procedencia andalusí de las palabras relacionadas con el flamenco no hay que buscarla en el árabe clásico, como algunos autores han pretendido sin encontrarlas, sino en la algarabía, lengua que, como ya hemos dicho, se hablaba en Alándalus y que es un sincretismo entre el árabe y la lengua romance hablada en la Península. Algarabía significa «el árabe de occidente», de aquí procede también el término «Algarbe», que era el occidente de Alándalus. Variantes de este idioma han sobrevivido en el norte de África como árabe vulgar y es ahí donde debemos ir a consultar.

Además de la propia palabra de denominación, podemos rastrear otros conceptos que nos permitan vincular con certeza el flamenco y los moriscos. Ya vimos que éstos hablaban una derivación del árabe llamada algarabía, que tuvo una importante influencia romance, por lo que esta lengua puede ser útil para nuestra investigación.

Hoy en día, la hipótesis de que flamenco venga de *felah-mencub* puede ser difícil de asumir por ciertos sectores que menosprecian o reniegan de nuestro pasado musulmán, pero la Historia no es como se quiere que sea, la Historia es la que fue, lo que hace falta es investigar sin un cuaderno de ruta, sin tergiversarla ni interpretar los hechos históricos a nuestra conveniencia. Lo queramos o no, nuestro pasado fue musulmán, lo andalusí lo llevamos en nuestros genes y ha quedado integrado en algunos actos de nuestra vida cotidiana.

A parte de algunas palabras como «ojalá», que quiere decir «Allah lo quiera», tenemos algunas expresiones como «olé» o «ele», que se pronuncia con la ele alargada como si fuesen dos, procedente de la costumbre musulmana de alabar el nombre de Allah repetidas veces cuando algo es de su agrado; el cambio de la «a» por la «e» fue un modismo adoptado en el sur y el este andalusí, llamado «imela», de ahí que decir olé o ele, algo muy usual en el flamenco, sea una manera de loar a Allah inconscientemente. En el fandango es normal hacer una introducción terminada en «ole, ole».

El saludo corriente entre flamencos es decir: «A la paz de Dios», traducción literal del árabe *salm aleikum* (a la paz de Dios).

Si cogemos las primeras palabras de la *shahada*: «*La illaha illa Allah*», que se traduce por: «No hay Dios sino Dios», y le aplicamos la correspondiente «imela», nos quedaría algo así como: «Le illehe ille elleh» que se parece mucho, quizás demasiado, a los sonidos que realiza el cantaor flamenco en la introducción a ciertos cantes; podríamos decir que se nos invita a la oración, sobre todo porque remata repitiendo varias veces «ole». Recordemos a la Paquera y su conocido «alialianda, ole, ole, ole», en el que no necesitaba imela. Si nos paramos a oír al musulmán entonar, porque es más cantada que recitada, la *shahada*, nos parecerá escuchar a un cantaor.

La palabra «fatiga», no en su acepción fisiológica de náusea o en la latina de cansancio o esfuerzo, sino la espiritual de sufrimiento, penalidad, con la que se redunda constantemente en el flamenco, nos podría remitir a la repetida fórmula del Corán: «*fatiha*», que quiere decir en árabe pena o sufrimiento. También se utiliza esta expresión, «ser un fatiga», para calificar a una persona insistente, que cansa, que es machacona; la palabra *fatiha* se reitera mucho en el Corán y los musulmanes la repiten constantemente para acompañar una solicitud, como si fuese una coletilla.

Siguiendo con el vocabulario, encontramos en «faralaes» un curioso plural de «faralá». El diccionario la define, aunque no indica su procedencia, como el «volante de tira de tafetán o de otra tela en ciertos vestidos o enaguas femeninos en la baja Andalucía». Dicho de una forma más clara: el volante de un traje de flamenca. Etimológicamente, la palabra «*farah*» tiene su ascendencia en algárabe donde significa alegría y, «*labs/lebs*», vestido; si unimos estas dos palabras tendríamos que «faralaes» viene de la algarabía vestido para la alegría o para la fiesta. Nosotros sabemos que los faralaes no son sólo, como dice el diccionario, los volantes, sino el vestido completo.

También viene de «*farah*» los términos «farra» y «feria», que según el diccionario es de origen latina y es «mercado de mayor importancia que el común, en paraje público y días señalados». En Andalucía se tiene otro concepto de feria que tiene que ver más con la fiesta que con el ganado.

«Jaleo» viene «*halal*», que es lo permitido; de ahí jalar en el sentido de comer alimentos lícitos. En cambio «jarana» es nacida de «*haram*», que significa lo prohibido para un musulmán; en el diccionario a quedado como expresión coloquial de «diversión bulliciosa y alborotada» y también coloquial de «burla, trampa, engaño». Su uso más común se da en la expresión «ir de jarana», que aún guarda una relación con los placeres prohibidos, sin necesidad de que haya bulla o el local esté abarrotado.

Según el diccionario de la RAE, cabal viene de «cabo», extremo, y sus significados más importantes son:

1. adj. Ajustado a peso o medida.
2. adj. Dicho de una cosa: Que cabe a cada uno.
3. adj. Excelente en su clase.
4. adj. Completo, exacto, perfecto.

Ninguna de estas acepciones se ajusta a lo que en flamenco se entiende por «cabales», palabra que en este ambiente también se usa como sustantivo. Nosotros creemos que su significado en flamenco viene de *«kábila»*, concepto que se refería al seno familiar entre los moriscos y proviene de «qaba'il», que designaba la tribu o el clan. De hecho, estar entre cabales se puede entender como estar entre familiares, entre los de su misma condición, entre buenos entendidos. No estar en sus cabales es sinónimo de estar loco, fuera de los suyos. También nos ha quedado un concepto peyorativo de esta palabra, ya que «ser un cábila» es sinónimo de mala persona, en referencia al morisco o a las cabilas marroquíes, que tantos disgustos dieron en las guerras coloniales.

«Guitarra», nombre proveniente de la palabra algárabe *«qitara»*, denomina al casi único acompañamiento, a parte de las palmas, que ha precisado el flamenco. Tengamos en cuenta, además, que este instrumento es de los pocos que puede llevar consigo un errante y que fue el elemento principal en una orquesta andalusí. La guitarra, aunque temperada, puede dar los cuartos de tono, necesarios en el flamenco como sistema modal, tirando verticalmente de la cuerda con la mano izquierda.

«Macho» viene del algárabe *«machus»*: fuerte, vigoroso; como lo es el modo`en que debe ejecutarse ese tercio.

La mayor parte de los palos del flamenco son crípticos en su significado pero, si los vemos a la luz de la algarabía, encontramos en su terminología palabras en las que posiblemente subyace un origen morisco; por ejemplo:

«Bulería» puede venir de *«bul-larya»*, la bulla que se monta en una boda. La «y» se pronuncia como «i» y, si a la primera «a» se le aplica la imela, tendríamos «bulería».

«Caña» según algunos autores es una derivación de la palabra andalusí *«gaunnia»*, que significa «canto»; otros son de la opinión que procede de *«qayna»*, «cantante». Esta segunda opción parece la más correcta, pues la «ñ» proviene de «in».

«Farruca» tiene su concordancia con *«faruk»*, que se traduce por valiente, que distingue la verdad de la mentira; de ahí que ponerse farruco es tomar una actitud altanera

«Serrana», de *«sharram»*, que indica maldad y dureza de espíritu. Serrano era el morisco refugiado en la serranía, algunos de ellos como monfíes contra el gobierno, de ahí que esa palabra tomase tintes peyorativos. Serrano o serrana, como adjetivo que se suele aplicar en las letras del flamenco al ingrato, perverso o indiferente por el dolor ajeno, no se refiere por supuesto al hombre o mujer de la sierra sino al *sharram*, que proviene a su vez del árabe «sharrani».

«Guajira», como ya vimos, de la algarabía *«guad»* (río) y *«ajira»* (la otra vida tras la muerte). Sería como la laguna Estigia, que separa esta vida de la otra

«Saeta», más que del latín *«sagitta»*, podría ser una adaptación de *«shahada»*, profesión de fe islámica cuya recitación se considera uno de los cinco pilares del islam. La *shahada* es una oración que se le ofrece a Allah, como la saeta es también una oración que se lanza a Dios. Asimismo, *shahada* es el acto de aceptación del islam.

«Soleá» del árabe *«salat»*, que significa oración.

«Zambra» es un término que proviene de *samar* o *samra*, que como ya vimos, eran veladas nocturnas celebradas durante el Califato y en algunos reinos de

Taifas. Creemos que la zambra está en el origen de la canción andaluza.

El flamenco hunde sus raíces en lo morisco o, mejor dicho, en lo andalusí, puesto que es a través de Alándalus como se nos ha trasmitido todo el conocimiento ancestral de nuestro pueblo. Por eso el flamenco nace alrededor del lago Ligustino, cuna de la cultura andaluza occidental, por eso es en Jerez, heredera de Asta, la capital tartésica, donde surge nuestra más genuina cultura. Porque el flamenco no es sólo un cante, es una forma de entender el mundo, una manera de vivir, una filosofía.

Las letras flamencas sólo pueden darse en un pueblo de larga tradición poética, como es el andaluz. Poemas que en sólo unos versos relatan toda una historia, que manifiestan la esencia de la condición humana, con sus pesares y alegrías, que cantan el dolor del desheredado, que insinúan más que cuentan. Hace unos años que se han puesto de moda los *haiku* japoneses, tal vez descubiertos por los que no conocían que en flamenco ya viene de antiguo esa forma de versificar.

Los críticos y entendidos siempre se han referido para calificar el cante flamenco a «la voz de bronce», a «los antiguos faraones», para hacer hincapié en sus raíces gitanas y en su oscura y ancestral tradición. Pero resulta que los gitanos no vienen de Egipto sino de la India, y no tenemos noticias de que se asentaran nunca a orillas del Nilo. Tenemos aquí un dato más en contra de la relación gitano-flamenca. Ahora bien, esto no cambia su significado, puesto que al flamenco le llega la antigua civilización de los faraones a través de los arcaicos contactos de estas tierras andaluzas mediante los viajes fenicios, de las posteriores corrientes islámicas orientales en Alándalus, de las influencias del Magreb. Voz profunda del bronce, como el bronce fue la fuente de riqueza tartésica y una constante de la tradición minera en Andalucía.

> Que mi mujer me engañaba,
> me dijo un amigo una vez.
> Que no se enteren los niños,
> yo hace tiempo que lo sé

El flamenco, fuente de expresión de un grupo perseguido como lo era el morisco, tuvo que permanecer oculto durante años por temor al Santo Oficio. Su gestación, allá por el siglo XVII, se produjo en el seno de unas familias de los arrabales de Jerez que mantenían viva unas costumbres entonces prohibidas por el Estado y la Iglesia. Quizás por ello, el flamenco se consideró hasta no hace mucho tiempo un cante de marginales. *Felah-mencub*, desposeídos de la tierra, de su identidad; trabajadores de fincas ajenas, explotados, perseguidos. ¿Dónde han sido más castigados los jornaleros que en los latifundios jerezanos? Basta con mirar la Historia de esta agrociudad, cuya población, desde el siglo XVI hasta principios del XX, se componía en un sesenta por ciento de jornaleros, para comprender que era un terreno abonado para el arraigue, a partir de mediados del siglo XIX, del anarquismo como respuesta social al hambre y la miseria. Por ello abundaban esos *felah-mencub* que cantaban sus coplas por gañanías y presidios, por bodas y bautizos. Y decimos anarquismo porque quizás sea esta la mejor filosofía que se le puede aplicar al flamenco, pero una acracia tan pura que queda fuera de convencionalismos; «vivir y que te dejen vivir», como norma esencial de convivencia, como el pan de cada día; puesto que de los poderes sólo se puede esperar opresión e injusticia.

Otra huella que nos lleva a vincular los moriscos con el flamenco es la zambra, forma musical aflamencada que mantienen los gitanos del Sacromonte granadino. Ésta es una danza morisca anterior al Bando de expulsión, que llegó incluso a ser prohibida por los inquisidores, hecho que pone en duda el origen gitano de aquellos que la siguen bailando. El Sacromonte era un buen lugar para esconderse en aquel tiempo de persecución y, a la vez, estar cerca de la ciudad natal.

Ya vimos como el flamenco floreció en oficios anexos a la agricultura como herrero, aguador, carretero; tareas poco remuneradas que permitían, no obstante, desertar de la ingrata tierra de labranza. De todos ellos quizás sea más sonado el de herrero o fragüero, que dio lugar a los llamados «cantes de fragua»; sin embargo, no hallamos en ellos referencias a la fatiga del fuego, ni a la dureza del hierro que hay que moldear, ni al martillo que golpea con contundencia y cansa los brazos, sino al sufrimiento de las cárceles, de los tormentos y persecuciones causados, si leemos entre líneas en unas letras forzosamente no explícitas, por la represión ejercida por las autoridades. Tras estos cantes de fragua se trasluce la marginación de un pueblo que se le niega su pasado y que se le otorga un porvenir incierto. Repitamos que no se debe confundir la modesta ferrería gitana con la herrería practicada desde hacía siglos por los moriscos.

Referencias históricas
escritas sobre el flamenco

Algunos estudiosos sostienen que, en los inicios, el flamenco solo era un cante a capela, sin guitarra ni baile, por lo que habría que deducir que el primer palo de la historia fue la toná.

Nosotros creemos que el flamenco, como tantas otras expresiones musicales, tiene su origen en las celebraciones: bodas, bautizos, reuniones familiares o de amigos, en los que se mezclaría el cante con instrumentos musicales y danzas. Sería después, al tornarse en desgracias esas fiestas: muerte, desengaño amoroso, cárcel, cuando al cante le sobre la danza y no le sea necesario ningún instrumento más que la voz. Entonces se ralentizaría el ritmo, se dramatizarían las letras, se rasgaría la voz para echar afuera la pena. Catarsis que a veces es individual y, otras, colectiva.

Nos han quedado algunos relatos escritos, anteriores al siglo XIX, en los que de una manera más o menos clara nos dan cuenta de bailaores, músico y cantantes. Este dato también corroboraría la teoría de que el flamenco existió durante siglos dentro del seno familiar de algunos andaluces. Aunque dichas informaciones hay que tomarlas con la suficiente cautela, pues nos hablan de coplas y bailes sin que sepamos con certeza cuánto de flamenco pudieran tener, algo que dejamos a la opinión de los lectores.

Blas Vega[61] menciona cierta danza española, popular en el siglo XV y conocida como «La Morisca», que T. Arbeau en su *Orquestografía*, de 1588, describe de un modo que recuerda al zapateado de punta y tacón:

> Un chicuelo pintarrajeado de negro, con su cabeza ceñida por una banda blanca o amarilla, que baila los Morisques con campanillas en las piernas y que, caminando a lo largo del salón, efectuaba una especie de pasaje. Luego, volviendo sobre sus pasos, retornaba al lugar desde donde había empezado y realizaba otro pasaje nuevo... Se bailan en tiempo binario. Originariamente se ejecutaban con golpes de pies, pero como los bailarines lo hallaron muy dolorosos, emplearon golpes dados con los tacones solamente, manteniendo firmes las puntas de los pies.

Navarro[62], esta vez refiriéndose a Granada, cita al viajero francés Bartolomé Joly, quien en 1603 describe a un grupo que bailaba «a la morisca, al son de una gran guitarra como un laúd, que uno tocaba sin distinción de sonidos: después aparecieron tres o cuatro bailarines moros y seis mujeres... Las vueltas en la sala las daban siguiendo la cadencia de la guitarra, además de lo cual las mujeres con los hombres marcaban también

---

61 J. Blas Vega, «Bailes populares», en *Historia del Flamenco*, vol. I, editorial Tartessos, Sevilla, 1995; p 272.

62 J.L. Navarro, *Cantes y bailes de Granada*, Arguval, Málaga, 1993; p 14 s.

con el son del pulgar y el dedo centro, frotando juntos, a los que estaban atados ciertos pequeños chismes, castañetas, hechas de madera o marfil».

Cierto embajador marroquí, que visitó Andalucía en 1690-91, dejó constancia de haber visto a moriscos a su paso por Sevilla, Lebrija, Jerez, Utrera, Marchena o Linares, por lo que no debe ser casual que en estas ciudades se den las más altas densidades de población gitana de Andalucía y que las primeras se tengan como la cuna del flamenco. J. Gelardo[63] señala que, este embajador, se da cuenta del estado de miseria y el agrupamiento como tribus nómadas de estos moriscos y, en referencia a una fiesta que le dieron como recibimiento, dijo: «Un grupo de estas mujeres tenían entre sus manos unas guitarras. Su canto es diferente del de los cristianos que viven en las ciudades civilizadas». Lo que lleva a Gelardo a sugerir una continuidad en la tradición musical morisca que sería la base del flamenco posterior.

De 1740 existe un libreto manuscrito, de un tal Bachiller Revoltoso, que narra cómo la nieta de Baltasar Montes, el gitano más viejo de Triana, iba a bailar con instrumentos de cuerda y percusión a las casas de los nobles sevillanos.

José Cadalso, en *Cartas marruecas*, de 1789, describe una juerga gitana en un cortijo liderada por Tío Gregorio.

Estando Bartolomé Gallardo (1776–1852) preso en la cárcel de Sevilla, acusado de ser liberal, oyó a dos gitanos de Marchena cantar varios romances del siglo XVI; tan buena impresión le causó que mandó reco-

---

63 J. Gelardo Navarro, «Mestizaje étnico en el flamenco: los moriscos», en *Pequeña Gran Historia del Flamenco*, Diputación de Córdoba, 2001; p 39.

gerlos en unos pliegos. Una vez publicados, comprobó que estos romances ya se cantaban en Jerez.

Gitanos y moriscos de los que se dan cuenta sin una aparente diferenciación, en ese mestizaje del que nos hablara Blas Infante. Danzantes, músicos, cantantes, parece que ya estaba todo inventado, incluso el taconeo, antes de que el primer cantaor apareciera en la Historia. No obstante, la referencia al morisco se va repitiendo en cada uno de estos relatos.

En 1820 aparece en un periódico de Cádiz la noticia de que Antonio Monge actuará en el teatro del Balón, donde interpretará los cuatro polos: el de Ronda, el de Tobalo, el de Jerez y el de Cádiz.

Antecedentes del flamenco

Jerez fue conquistada por Castilla en 1264, aunque la sierra de Cádiz se mantuvo en el reino de Granada hasta finales del siglo XV. Durante ese tiempo la música andalusí se debió seguir cultivando en esta tierra, hay que tener en cuenta que el enfrentamiento entre la Iglesia y las demás religiones no vendrá hasta los Reyes Católicos. Un pueblo no deja sus costumbres por el hecho de ser conquistado. Como muestra de la presencia morisca en Jerez ya hicimos referencia a un pregón de 1519 en el que se decía que los moriscos se juntaban para hacer bodas, fiestas de danzar y otras ceremonias.

Más tarde, tras el decreto de expulsión de los moriscos del reino de Granada, en 1609, éstos fueron concentrados en Sevilla a la espera de ser enviados al norte de África. Ya dijimos que esos barcos nunca partieron, lo que unido a los que se pudieron permanecer de manera más o menos legal y los que retornaron de su lugar de exilio, el número de moriscos que se quedaron el reino de Sevilla era elevado. Estos moriscos, en general gente de campo o de oficios relacionado con lo rural, fueron distribuidos por las ciudades del reino donde hacían falta jornaleros; toda la campiña sur de la actual provincia de Sevilla y, sobre todo, Jerez, ciudad eminentemente agrícola.

Ya vimos como el gitano estaba perseguido solo por errante, si se establecía era admitido por la sociedad. En cambio, el morisco, estaba siempre bajo la atenta mirada de la Inquisición y el miedo a que la deportación se hiciera efectiva pesaba sobre su conciencia. Pero no solo se trataba de la Inquisición, era también una parte de la sociedad cristiana vieja la que odiaba al morisco.

En el bando de expulsión de 22 de septiembre de 1609 se puede leer:

> Que cualquiera de estos moriscos que, publicado este bando, y cumplido los tres días, fuere hallado desmandado fuera de su propio lugar por caminos u otros lugares hasta que sea hecha la primera embarcación, pueda cualquier persona, sin incurrir en pena alguna, prenderle y desvalijarle, entregándole al Justicia del lugar más cercano, y si se defendiere, le puede matar.

Por esta causa, nos dice Florencio Janer que «El vulgo de los cristianos viejos [...] empezaron a salir en cuadrilla por los caminos y campos, matando y despojando a los que se topaban»[64]. Que Domínguez Ortiz, en la obra ya citada, nos informe: «...la inquietud producida por estas nuevas se aumentó por las extorsiones de algunos señores las violencias de no pocos cristianos viejos que, formando cuadrillas de bandoleros, se dedicaron a insultar, robar y hasta asesinar a los moriscos». Y que en exista un bando por el que «...ofrecemos a

---

64 Florencio Janer; *Condición social de los moriscos en España*; Madrid, 1857.

cualesquier personas que salieren en persecución de los dichos moros sesenta libras por cada uno que presentaren vivo y treinta por cada cabeza que entregasen de los que mataran [...] Y si acaso las personas que los trajeren vivos quisieran más que sean sus esclavos, tenemos por bien dárselos por tales y concederles facultad para que, como tales esclavos, los puedan luego herrar»[65].

Por ello, el morisco que tenía una fisonomía semejante al cristiano viejo y hablaba castellano sin acento, tuvo menos problemas para cambiar de ciudad y mezclarse en la población; pero el que tenía una tez más morena o unos rasgos que los diferenciaba, no encontró mejor forma de adaptarse a las circunstancias que hacerse pasar por gitano. Durante los primeros años del siglo XVII se tienen noticias de muchos gitanos que se asentaron en los arrabales de diferentes ciudades, antes no lo habían hecho, luego tampoco. Para un verdadero gitano, abandonar su vida de nómada era renunciar a su esencia y preferían ser condenados a galeras, o a otras penalidades, antes de perder su libertad de movimiento. Eso demuestra que los asentamientos no eran de auténticos gitanos sino de moriscos.

Los moriscos se establecieron en Jerez en los barrios periféricos de San Miguel y Santiago. Los primeros dedicados fundamentalmente a oficios complementarios como arrieros, fragüeros, talabarteros, tratantes; los otros como mano de obra en los grandes latifundios de la ciudad. Tanto se han diferenciado estos dos barrios que, en la actualidad, un buen entendido jerezano sabe distinguir la forma de cantar del uno y del otro; entre otras particularidades, el cante de San Miguel es más corto.

---

65 Archivo General de Simancas, Estado, Roma, 1611.

Pero las costumbres moriscas estaban prohibidas, hacerse pasar por gitano llevaba aparejado tener que aparentar socialmente costumbres cristianas hasta perder la identidad, hasta ser lo que se suplanta, aunque quede una identidad hibernada que cada vez tiene más dificultad para aflorar. Esta forma de entender el mundo, de vivir, la idiosincrasia que, como pueblo antiguo, poseían los moriscos, permaneció en esa impronta que hace tan diferente a un gitano de Jerez de un gitano de cualquier otro sitio. Los gitanos de Jerez se llaman a sí mismos flamencos o flamenquitos, en una patente diferenciación. Hay que insistir en que el morisco es cristiano de ascendencia musulmana hispana, aunque existieron mezclas, en todo tiempo las hay, ese musulmán era un antiguo hispano-romano convertido al islam, sus antepasados fueron turdetanos, tartesios. Por eso existe tan poca diferencia entre un flamenquito y un gachó, somos genéticamente el mismo pueblo.

Es cierto que muchos moriscos fueron bautizados a la fuerza, pero no todos, también hubo un alto porcentaje que de una u otra forma se cristianizaron por propia voluntad o se fueron adaptando a la nueva situación de una manera paulatina. Incluso existieron quienes, aun cristianos, quisieron mantener sus costumbres culturales. Tanto es así que el jesuita Pedro de León (Jerez, 1545-Sevilla, 1632), que asistía a lo condenados a muerte en la cárcel de Sevilla, al oír a un reo morisco de Triana decir que prefería morir como cristiano en la hoguera que como musulmán en la cama, algo que no le valió para librarse de la pira, exclamó que había merecido quemar a tantos para ver como morían algunos como auténticos cristianos.

Apuntemos que la diferencia entre un cristiano viejo y un morisco es cuestión de tiempo. Los musulmanes convertidos al cristianismo antes del uno de enero de 1492 eran considerados cristianos viejos, los conversos después de dos de enero de 1492, día en que se rindió Granada, serán llamados cristianos nuevos o moriscos y, mientras a los primeros no se les pedía apenas que justificaran su fe, los segundos eran vigilados constantemente por la Inquisición por si les podía coger en algún renuncio. A principios del siglo XVII el rey de España decidió la expulsión de los moriscos, los motivos y repercusiones que conllevó esta decisión no entraremos a analizarlos por no pertenecer al tema que nos ocupa, solo diremos que el problema que se le planteaba al morisco expulsado era muy serio pues, aparte de tener que dejar su tierra, hacienda, amigos, enseres, en el lugar de acogida en el norte de África lo tratarían como renegado. En España era considerados malos cristianos, en África malos musulmanes por haberse convertido al cristianismo.

En el Archivo Diocesano de Cuenca se encuentra la siguiente declaración:

> Dijo que, por el tiempo que los moros fueron expulsados de España, se halló cautivo este declarante en Argel y lo estuvo tres años y dos meses, y vio por sus ojos que andaban los oficiales que llamaban adabajíes por las calles públicas y, encontrando algún morisco de España que no estuviese circuncidado, lo cogían y por la fuerza le metían en el primer portal y le miraban y, si no estaba circuncidado, le circundaban aunque no quisiera y muchos morían[66].

Entre esos jornaleros desposeídos de todo, incluso de su ascendencia, continuó su evolución este cante venido desde nuestro pasado más remoto y que había

---

66 Archivo Diocesano de Cuenca, leg 437, núm 6169.

conocido su esplendor, como otras artes, en tiempos de Alándalus. En Málaga surgieron los verdiales, en la provincia de Cádiz el chacarrá[67], en otros puntos de Andalucía se tendió, según su idiosincrasia, hacia los diferentes estilos del fandango andaluz. Pero eran gentes desposeídas, que vivían en los arrabales, que sabían que el contacto con la oficialidad no traía nada bueno. Por eso el flamenco se hizo marginal, un cante del pueblo que se quedaba en el mismo pueblo, lo que no importaba pues si algo identifica al flamenco es su introversión; se canta porque sí, porque no se puede vivir de otra manera, si alguien no lo entiende es su problema, porque seguiremos cantando. Y no solo es cantar, es una forma de existir, un vivir y dejar vivir, de no poseer otro horizonte que el presente, de tener en la familia el bien más preciado.

Anteriormente mencionamos las fraguas. Se dice que el flamenco es un cante fragüero, que el martinete, de los cantes más antiguos, viene del nombre de uno de los martillos que se utilizan en esta industria. En Jerez son famosas varias sagas que provienen de fragüeros; como luego veremos, Tío Vicente Macarrón era herrero. Este hecho nos corrobora el origen morisco, que no gitano, del cante flamenco. La fragua es un oficio muy especializado que se heredaba de padres a hijos, que necesitaba de unas instalaciones apropiadas. Un gitano nómada no tenía las condiciones adecuadas para desarrollar esta industria. Exceptuando a Jerez y su entorno no se conocen gitanos fragüeros, a todo los más que podían aspirar era a fabricar unas alcayatas o unos pequeños abalorios. En cambio, la tradición de herreros de los moriscos está muy bien documentada,

---

67 El baile del chacarrá recuerda, en sus gestos y expresiones, a las danzas moriscas plasmadas en los grabados antiguos.

ellos fueron los que, como servicio a la agricultura, a la construcción, a los arrieros, instalaron en Jerez sus talleres. Si el auténtico gitano hubiera sido fragüero, nos encontraríamos a estos especialistas por toda Europa, pero no, el único fragüero gitano es el de la Baja Andalucía. Nos preguntamos si solo aprendieron este oficio los de aquí, por qué y cómo.

Domínguez Ortiz y Bernard Vincent dan noticias de:

> El viajero alemán Münzer (Moneterius), que recorrió España en tiempos de los Reyes Católicos, menciona, entre otras profesiones más frecuentes de los moriscos, la de herrero[68].

Ya vimos como la referencia a la madre es muy común en el flamenco, tanto en las letras como en el apodo que adoptan los artistas; ya entre los cantaores del siglo XVIII tenemos Tío Luis el de la Juliana o Paco la Luz. También es muy corriente utilizar un apodo familiar que lo identifica artísticamente; esto puede ser por la poca importancia que se le daba al apellido impuesto tras el bautismo, voluntario o forzado, por lo que se prefería pertenecer a un clan, a través del apodo conocido, o llevar el nombre de la madre, que lucir un apellido que indicaba poco. Estos dos aspectos podrían reforzar el origen morisco de los flamencos. Además, los apellidos Vargas, Amaya, Montoya, tan propios de Jerez, son también de ascendencia morisca.

Algunas teorías apuntan a que los primeros cantes del flamenco fueron la toná y sus derivaciones a martinete, carcelera, debla. En algún momento de estos cantes apareció la seguiriya y es cuando se puede ha-

---

68 Antonio Domínguez Ortiz y Bernard Vincent; *Historia de los Moriscos. Vida y tragedia de una minoría*; Revista de Occidente; Madrid, 1978; 2ª ed. Alianza; Madrid, 1985.

blar ya de flamenco. Otras apuntan que el origen está en la caña, nombre también de origen andalusí, que era un fandango del folclore andaluz que con el tiempo evolucionó hasta su forma actual flamenca. Ya hemos apuntado que existe una conexión entre la música andalusí y el flamenco en los verdiales y el chacarrá. Por nuestra parte creemos que el origen del flamenco puede ser múltiple, como múltiples son sus variedades, que en cada zona de Andalucía se pudo desarrollar este arte y luego, tras los diversos contactos, darle forma a lo que hoy conocemos.

Una nueva idea que aportamos, pues nos parece sugerente y que también pudo intervenir en esta amalgama, está en las bulerías, del andalusí *bul-larya* que ya vimos que significa la bulla que se arma en una boda. Posteriormente, cuando la bulería se extendió a otros ámbitos de la vida, a estas bulerías de boda se le llamó, para diferenciarla, alboreá, que se puede traducir por «inocencia», *albarā* en andalusí. Dentro de su evolución, al ralentizar el compás de bulería apareció la soleá, del árabe *salat* «oración» y, al darle la vuelta a ese compás, la seguiriya. Existen quienes piensan que es al revés, que la bulería aparece al acelerar la soleá, pero, aparte de que los cantes de boda son más antiguos, el hombre tiende a la celebración, es luego, cuando entra en introspección y la pena lo ahoga, el momento en que su cantar se vuelve más lento y desgarrado, como una sentida oración.

> Tengo una pena, una pena,
> que casi puedo decir
> que yo no tengo la pena;
> la pena me tiene a mí

Eso se puede comprobar en el tiento, que procede de ralentizar y dramatizar el tango. De ser así, tenemos otro elemento más para afirmar que Jerez es la cuna del cante, pues es aquí donde nació la bulería. Entre los flamencos de Jerez no se entiende una fiesta si no es por bulería, los aplausos en los espectáculos suenan al compás de bulería, hasta a los niños se les acuna en esta ciudad por bulería.

Flamencos históricos

Para rastrear en la antigüedad del flamenco vamos a comenzar por los primeros intérpretes de los que se tienen alguna constancia de su existencia.

Las noticias sobre los flamencos del siglo XVIII y principios del XIX nos han llegado a través del cantaor Juanelo, nacido en Jerez a comienzos del siglo XIX. Juanelo fue el creador de una toná y realizó la primera clasificación razonada del flamenco de la que se tiene noticia. Esta lista, junto a la poca biografía que nos ha llegado de estos artistas antiguos, se las pasó al folclorista Antonio Machado y Álvarez «Demófilo» para sus investigaciones.

Según Juanelo, el primer cantaor flamenco del que se poseen noticias es Tío Luis el de la Juliana, su nombre real se cree que fue Luis Montoya Garcés. Nació en Jerez en la década de 1750 y murió, en esta misma ciudad, hacia 1830; se le tiene por ser el personaje más mítico de la historia del flamenco. Juanelo afirmaba que era un cantaor general, que lo cantaba todo.

A Tío Luis de la Juliana, aguador de origen gitano,

se le atribuye la autoría de la toná liviana, la toná del Cristo y la toná grande, que ya debían contener los elementos claves de lo que sería el cante jondo de Jerez. También se le otorga el cante por polo y caña que, para algunos, son dos de los cantes sobre los que se va a fraguar el flamenco actual.

El hecho de que Tío Luis fuese autor de la toná liviana nos sugiere que de algún modo ya estaba presente en su tiempo el compás de seguiriya, en su modo de liviana, y que su aplicación a la toná es mucho más antigua de lo que algunos autores sostienen, pues opinan que fue una creación del siglo XX al hacer bailable la toná.

Demófilo llama a Tío Luis de la Juliana el rey de los cantaores y menciona como sus discípulos directos a sus hermanos Juan y Manuel y a Tío Perico Cantoral.

Tío Luis el Cautivo, nacido en Jerez en el siglo XVII, es un cantaor legendario que ha quedado como gran intérprete de tonás. Demófilo lo nombra como uno de los más célebres cantaores junto con el Fillo (San Fernando, 1806-Sevilla, 1854) y tío Luis de la Juliana, con quien comparte ser una figura relevante en los comienzos del cante jondo.

Tío Vicente Macarrón, apodo de Vicente Vargas, nació en Jerez en 1759 o 1765, según qué fuentes. Era el hermano mayor de Tío Juan Macarrón (Juan Vargas), también jerezano. Los dos hermanos fueron reconocidos intérpretes de seguiriyas, aunque no se sabe si sonarían como las actuales, tonás, romances, polo, caña y algún tipo de fandango que ya se iban aflamencando.

Los hermanos Macarrón son antepasados de dos de las mejores bailaoras de todos los tiempos, las jerezanas Juana Vargas (Juana la Macarrona), (1860-1947), y María Vargas (María la Macarrona). Por parte de la mujer de Tío Vicente, Rafaela Cantoral, su familia ha dado una importante saga de toreros y artistas flamencos donde destacan la cantaora y bailaora Gabriela Ortega Feria, madre de los toreros Gómez Ortega el Gallo y de Joselito el Gallo; y el cantaor Manuel Ortega Juárez (Manolo Caracol).

Tío Vicente, gitano herrero de profesión, se casó con Rafaela Cantoral, jerezana nacida en 1764. En 1779 se trasladan a Cádiz al barrio de la Viña. En esa casa de Cádiz viven con Pedro Cantoral (1726/1731-1800), alias Tío Perico Cantoral, y su hija María Isabel Cantoral Valencia (1776-1832), apodada María la Cantorala; ambos, padre e hija, habían nacido en Jerez y son los cantaores más antiguos de los que se poseen noticias históricas.

Existe un desfase de fechas entre el nacimiento de Tío Luis el de la Juliana, hacia 1750, y el de Tío Perico Cantoral, entre 1726 y 1731. De ser ciertos estos datos, Tío Perico sería más de veinte años mayor que Tío Luis, por lo que sería Cantoral el primer cantaor conocido[69] y desmentiría la opinión de Juanelo. Hemos investigado, pero son tan pocas las noticias que nos han llegado, que tenemos que dejar la cuestión sin resolver. Además, Tío Perico ha quedado como buen cantaor de seguiriyas, lo que le daría más antigüedad a este palo del cante.

Tío Perico Cantoral entronca con Jesús y José Cantoral, de donde arranca la dinastía de los Torre. Tanto las escasas crónicas como la tradición oral mencionan también como cantaores jerezanos del siglo XVIII a Tía María la Jaca, Cuadrillero, Juan Cantoral y Curro Casado.

---

69 Tío Perico Cantoral parece ser que es el primer flamenco en inscribirse en un empadronamiento, en el año 1780, como «cantante».

Fuera de Jerez nos encontramos en el siglo XVIII con el Planeta, nacido en Cádiz en 1789 y fallecido en Málaga en 1856. El seudónimo de este cantaor está en la mencionada lista que Juanelo le proporcionó a Demófilo. Lo único que se conocía de él es lo que Serafín Estébanez Calderón dejó escrito en su obra *Escenas andaluzas*, publicada en 1847. No obstante, gracias a los estudios de Manuel Bohórquez, publicados en 2011, aparte de precisar la fecha y lugar de nacimiento, se conoce su nombre: Antonio Monge Rivero, que era gitano, carnicero de profesión y tatarabuelo de Manolo Caracol; por lo que suponemos que estaría vinculado a la familia de Rafaela Cantoral.

Según Estébanez Calderón, el Planeta se acompañaba a sí mismo con la guitarra. Fue maestro del Fillo.

Estos son los cantaores que hemos encontrado del siglo XVIII. De Sevilla, aparte de las noticias que nos da un tal Bachiller Revoltoso a cerca de la nieta de Baltasar Montes, del que ya hablamos, no se tienen referencias de ninguno hasta los primeros años del siglo XIX con figuras como la Andonda, los Pelaos y los Cagancho, y Silverio Franconetti.

Antonio Ortega Heredia, conocido como el Fillo. Gitano nacido en San Fernando, en 1806, falleció en Sevilla en 1854. Influyó en la definición del cante de Triana. Fue portentoso en muchos estilos y, en seguiriya, marcó época. Su voz, áspera y bronca ha quedado en el flamenco para denominar a un tipo de voz como *afillá*.

Silverio Franconetti Aguilar (Sevilla, 1831-1889). Su padre era italiano y, su madre, de Alcalá de Guadaira. Fue alumno del Fillo, dominaba con maestría todos los palos, especialmente por seguiriya, imponiendo un estilo que tendría continuidad en las siguientes generaciones flamencas. Abrió en Sevilla el primer café cantante flamenco y fue precursor de los conciertos flamencos, lo cual contribuiría a su difusión fuera de los ambientes más deprimidos y llevarlo a un público más extenso. Llegó a actuar, en 1866, ante la corte de Isabel II.

Tomás Francisco Ortega López, conocido como el Nitri, nació en El Puerto de Santa María, en 1838, y murió en Jerez, en 1877. Fue sobrino del Fillo. Se le concedió la primera «Llave de Oro del Cante» por ser uno de los intérpretes más completo e importante del flamenco.

Buenos seguiriyeros jerezanos nacidos en la primera mitad del siglo XIX fueron:

Manuel Molina (1822-1879), también llamado el señor Manuel Molina por su acomodada posición económica y social y por mecenas. Fue creador de unas seguiriyas que se siguen cantando.

Paco la Luz (1839-1901), Francisco Valencia Soto, hijo de María la Luz. Excepcional cantaor por seguiriya, está considerado como el patriarca de casi todo el cante de Jerez. Sus hijas fueron María la Serrana, cantaora, y Juana la Sordita, bailaora. Su hermano Perico Cantarote, también llamado Pericón la Luz, fue así mismo cantaor. Otros miembros flamencos de su familia son: Perico el Tito, la Cochinita, Juanito Mojama, Luisa Torrán, Diamante Negro, los Terremoto, los Sordera, los Parrilla y los Borrico.

Joaquín la Cherna o Lacherna (1843 - ¿?), Joaquín Loreto Vargas. Se dice que su cante por seguiriya está ligado al de Marrurro y al de Paco la Luz, aunque lo cierto es que su sobrino, Manuel Torre, hizo versiones de sus seguiriyas.

El Loco Mateo, Mateo Lasera, también conocido como Mateo el Jerezano. Su apodo le viene debido a sus desequilibrios temporales. Su vida artística se desarrolló en los cafés cantante de la época. Fue el creador de las más hermosas seguiriyas conocidas y que, además, gozan de una gran riqueza musical.

Marrurro (1850-1920), Diego López, creó varios estilos de seguiriyas y, probablemente, fue quien ralentizó los tangos para crear lo que se conoce como tientos.

En soleá hay que mencionar a Mercedes Fernández Vargas (1837-1912), conocida como la Serneta. Su carrera artística comenzó en la década de los 70 del siglo XIX en Sevilla, con gran éxito; luego se trasladó en Madrid donde su fama menguó y tuvo que dar clases de guitarra y alquilar sus trajes para sobrevivir. Está considerada una maestra en el cante por soleá, de la que creó siete estilos que han sido interpretados por casi todos los grandes del cante que han venido después.

Los dos más grandes cantaores, no solo de Jerez sino de la historia del flamenco, fueron sin duda don Antonio Chacón y Manuel Torre.

Don Antonio Chacón (Jerez, 1869-1929). Hijo de padres desconocidos, fue entregado recién nacido al zapatero Antonio Chacón Rodríguez y a su esposa María García Sánchez, vecinos de la calle Sol, 60.

Cantó por primera vez en público el 22 de junio de 1886, acompañado de Patiño y en presencia de Enrique el Mellizo; lo hizo por malagueñas y El Mellizo, entusiasmado dijo: «A ti te dirán un día el Papa del cante».

A partir de entonces viaja, con gran éxito, por toda Andalucía. En 1889 realiza una gira triunfal por toda España marcando una manera de vestir de los artistas flamencos con señorío y elegancia. Por todo ello, por sus maneras de cantar y vestir, se le llamó Don Antonio.

En 1912 se instala en Madrid. En 1914 se embarca para América con la compañía teatral María Guerrero. Destacan sus éxitos en Buenos Aires y Montevideo. En

1922 preside, junto a Manuel de Falla y Federico García Lorca, el Concurso de Cante Jondo de Granada.

Está considerado el mejor cantaor de todos los tiempos y representa la cumbre de la estructuración del cante flamenco. Destacaba en cantes por cartageneras, malagueñas y granaínas y creó las media granaínas. Compartió escenario con algunos de los mejores cantaores del momento y el gran guitarrista Sabica lo acompañó en algunos momentos de su carrera.

Manuel Soto Loreto (o Leyton, según algunos testimonios) (Jerez, 1878-1933), conocido como Manuel Torre, apodo que le venía de su padre, también cantaor, al que llamaban así por su gran estura. Nació en la calle Acebuche, junto a la Plazuela.

Comenzó sus actuaciones públicas en Jerez, luego, en 1902, debutó en Sevilla y, en 1909, en Madrid.

Dominó todos los palos del flamenco y realizó grabaciones de veinticinco cantes, entre otros: soleás, seguiriyas, fandangos, bulería, malagueñas, tangos, peteneras y saetas. Fue el primero en interpretar una versión aflamencada de «Los campanilleros».

Vemos como muchos de los cantaores tenían la consideración de «tío», eso nos da idea del respeto y consideración que se tenía hacia los mayores; algo que es ancestral en esta tierra. Quizá también por eso los flamenquitos se dicen «primo» unos a otros. También podemos observar que las mujeres han participado del cante desde sus inicios, María la Cantorala y Tía María la Jaca son buenos ejemplos, dando muestras de que era más igualitario que otras artes y que en otras zonas geográficas. De igual forma comprobamos que, tanto entre los antiguos como en los actuales, el nombre artístico de los cantaores hace referencia a la madre, rara vez al padre, lo que hace patente ese particular matriarcado que se da en nuestra tierra. Así como los apodos utilizados, como ya vimos, manifiesta un sentimiento de orgullo por pertenecer a una determinada familia: los Sordera, los Borrico, los Parrilla, los Moraos; donde estar vinculado a esa saga resulta más importante que el propio apellido, incluso el apodo particular es más utilizado que este.

Algo que también apreciamos es que existe la curiosa costumbre de afeminar los apodos, María Isabel Cantoral tuvo el nombre artístico de María la Cantorala, Juana y María Vargas, de la familia Macarrón, llevaron el apodo de la Macarrona o las Macarronas si se referían a las dos. Esto debe ser una costumbre jerezana, ya que de las hijas de un tal Leal lleva el nombre la calle Lealas, de Berrocal, Berrocalas, o de Rendón, Rendona.

La referencia constante a la madre en las letras del flamenco nos sugiere una evocación a la Madre Tierra, una búsqueda del origen telúrico del hombre a través de su progenitora. En la Biblia, libro que ha ejercido una gran influencia en nuestra civilización y que recoge mitos aún más antiguos, podemos leer que el hombre fue creado por Dios del barro, lo que significa que fue sacado de la propia tierra. Si Dios, o el Demiurgo, le insufló la vida, el cuerpo pertenece a la Madre Tierra. Esto nos lleva a pensar en un pueblo agrícola y, por lo tanto, sedentario, nunca nómada. La adoración a la Madre Tierra, la fuerza masculina está representada por el Sol, la simboliza en la actualidad la Virgen María, por influencia de la Iglesia, heredera de los cultos a diosas madres que eran adoradas por todo el Mediterráneo; Isis, Artemisa, Ceret, Astarté, Tanit...

En la intervención de la mujer, desde los comienzos del flamenco, tenemos otro argumento para sostener que no fue asunto de gitanos sino de autóctonos, sean moriscos o no. La gitana es una sociedad muy patriarcal y andrógina, sobre todo en el siglo XVIII, donde la mujer estaba sometida al hombre y sin tener relevancia pública. En cambio, la sociedad andaluza, incluidos los moriscos, aunque también ha sido patriarcal, no lo ha sido tanto como para que la mujer no haya gozado de cierta libertad. Por ejemplo, en Alándalus la mujer podía ejercer algunos oficios de manera independiente, incluso económicamente, del marido. En la Guerra de las Alpujarras, las moriscas estuvieron implicadas en la defensa de su pueblo.

En Andalucía ha existido desde hace siglos una suerte de matriarcado, más efectivo que oficial y más por convencimiento que por imposición, en el que la madre, aunque la patria potestad la ejerciera el padre, aglutinaba a su alrededor a la familia, ella era la dueña de su espacio y de la economía familiar; era corriente que todos los miembros de la casa que tuvieran jornal se lo entregasen la madre para su administración. Recordemos la letra que dice:

> Mira que soy gitano
> que te doy tres y media
> de cuatro reales que gano.

El hombre conoce, en su interior, que se debe guiar por la intuición y saber de la mujer para que en el seno familiar reine la tranquilidad tanto social como económica.

Ese respeto, casi adoración, por la figura de la madre hace que esté presente en muchas de las letras flamencas, sobre todo en las que expresan el dolor y la desgracia. A ella se la requiere a las puertas de la muerte, hacia ella son los lamentos por su enfermedad o muerte. Al padre se le suele cantar muy poco.

Madre como consuelo ante las desgracias, como cariño necesario, como amor eterno, como guía ante la adversidad. Una seguiriya dice:

Comparito mío Cuco,
ve y dile a mi mare
que me encuentro en esta casapuerta
revolcaíto en sangre.

Tal vez se vea en la figura de la madre a la propia Naturaleza como progenitora de todos los seres vivos, tanto a la una como a la otra le debemos nuestra existencia. Por ello, al cantar, las dos imágenes se interponen para realizar el rito que lleve a lo telúrico, a la sublimación de la catarsis y que la ceremonia acabe según el mandato de los siglos.

Desde mediados del siglo XVIII ya hemos visto que aparecen en la Historia los primeros flamencos: Tío Luis el de la Juliana, Tío Perico Cantoral, María la Cantorala, Tío Vicente Macarrón, El Planeta, Jesús, José y Juan Cantoral, Tía María la Jaca, Cadrillero, Curro Casado; todos de este rincón de la provincia de Cádiz. Si el flamenco hubiera sido la creación de una persona o de una familia, hubiera surgido poco a poco, un cante aquí, otro allá, hasta irse conformando. En cambio, son varios los cantaores que aparecen de pronto, algunos sin relación de parentesco, y con casi todos los palos ya establecidos. Por ello pensamos que el flamenco se fue larvando en las familias de los suburbios de Jerez a partir de aquellos cantes de los esclavos moriscos y de los jornaleros desheredados y que, como una crisálida, pudo alzarse en vuelo cuando las circunstancias se lo permitieron.

Si el flamenco fuese un invento del siglo XVIII hubiera usado el sistema tonal, pues el modal, como he-

mos visto anteriormente, había caído en desuso hacía
ya mucho tiempo.

El flamenco no es una cultura de elites sino de vencidos, no es una expresión artística de los poderosos sino
del pueblo humilde. Aunque no estuvieran perseguidos por la Inquisición, ¿a quién habría de importarle
una música arcaica interpretada por marginales? ¿Podrían comprender los secretos del cante los no iniciados? Por algo se les llama cabales a los que entienden.

Breve repaso histórico

Hemos visto como los cantaores flamencos surgen a partir de mediados del siglo XVIII alrededor de unas figuras que se relacionan entre sí a través de lazos familiares, de jerezanos que, por algún motivo, quizá económico, se marchan a Cádiz; no se nos olvide que en aquel tiempo esta ciudad era el puerto de Indias. Pero ¿por qué en un determinado momento el flamenco germina como una eclosión que se va a extender rápidamente al eje Cádiz-Sevilla? ¿Por qué los cantes más hondos están modelados desde un principio sin que se conozcan las raíces desde las que han evolucionado?

Como veremos más adelante, partimos de la idea de que los gitanos de las provincias de Cádiz y Sevilla no pertenecen a ese pueblo que llegó de la India y apareció por Andalucía a mediados del siglo XV, sino que son moriscos que se hicieron pasar por gitanos para poder vivir en paz en su tierra. Ya dijimos que el gitano solo era perseguido si mantenía su forma de vida errante, en cuanto se asentaba la justicia los dejaba en paz; en cambio, el morisco, era acosado por el hecho de serlo y su castigo podía ser el destierro o la muerte en la hoguera. Por ello es por lo que el morisco se hizo pasar por gitano y se estableció para normalizar su situación. Pero ya dijimos que trataremos la cuestión con más detenimiento, ahora, para interpretar la aparición del flamenco a mitad del siglo XVIII, nos es suficiente con decir que era la Inquisición la encargada de velar por la verdadera fe, la cristiana y católica. De ahí que estuviese atenta a cuantos moriscos pudiesen quedar en España; no se nos olvide que el morisco es cristiano converso desde el islam, pero cristiano al fin y al cabo, que mantenía esa condición incluso tras varias generaciones.

Como hemos dicho, la Inquisición estaba vigilante para identificar a los moriscos, por ello no era conveniente hacer manifestaciones públicas de costumbres, música, vestimenta o cualquier otra actividad que inquietase a dicha entidad; de hecho, todas estas manifestaciones estaban expresamente prohibidas por ley. Es por ello por lo que los cantes moriscos, que podríamos llamar como un preflamenco, estuviesen recluidos al ámbito privado.

Ya dijimos que el Tribunal del Santo Oficio, Tribunal de la Fe o Inquisición, fue abolido por las Cortes de Cádiz en las sesiones que tuvieron lugar entre diciembre de 1812 y febrero de 1813. Posteriormente, tras la vuelta al poder de Fernando VII, en 1815, la Inquisición se restableció para ser derogada definitivamente, el 31 de mayo de 1820, al adoptar el Estado nuevamente el liberalismo constitucional.

No obstante, la Inquisición, tras su enorme poder durante los siglos XVI y XVII, mostraba a partir de mediados del XVIII una decadencia que la hacía casi inoperante, por lo que su abolición, aparte del significado político, no hizo más que confirmar su muerte. Este podría ser uno de los motivos por lo que, en el segundo tercio del siglo XVIII, en Jerez pudiesen salir estos cantes desde la privacidad de la familia para irse incorporando a la sociedad. Ya no había miedo, aunque, de tanto creerse gitano, el morisco había dejado de existir en la conciencia para habitar en el subconsciente.

Que el flamenco se pudiera exteriorizar no es ajeno a los cambios políticos y sociales que se estaban produciendo en España en esa época. Hacia 1680 comienza lo que se ha dado por llamar el Siglo de las Luces o la Ilustración, con la recuperación de la economía, el restablecimiento del orden en las finanzas públicas y el interés por la evolución de las ideas; período que se considera cerrado con la muerte de Carlos III, en 1788. Otro hecho para tener en cuenta es la caída del Antiguo Régimen, una superestructura que, con algunas innovaciones, coincidió a grandes rasgos con la Edad Moderna; desde los Reyes Católicos hasta la Revolución liberal, del último tercio del siglo XV al primero del XIX; que se caracterizó por una monarquía autoritaria o absoluta, una sociedad estamental y una economía en transición del feudalismo al capitalismo. Además, algunos de los primeros cantaores vivieron la Guerra de la Independencia, que, aparte de la lucha armada, trajo nuevos aires provenientes de la Revolución Francesa y que, tras las Cortes de Cádiz, fue el comienzo de un convulso siglo XIX de guerras entre liberales y monárquicos. Uno de los hitos de este siglo fue el triunfo de «La Gloriosa», en 1868, que supuso el destronamiento y exilio de Isabel II y el inicio del período denominado «Sexenio Democrático», primer intento en establecer en España un sistema democrático.

En la segunda mitad del siglo XVIII hubo un cambio de mentalidad, y no solo en España. La independencia de Estados Unidos se produjo en 1776, y supuso un gran salto en el pensamiento económico, pues dejaban atrás el Antiguo Régimen para abrazar un sistema liberal. En 1789 fue la Revolución Francesa, que no se trató de algo espontáneo sino el fruto de una nueva forma de entender la sociedad que, tras años de empuje, estalló en un momento de crisis.

En Jerez también se sintieron esos aires de transformación. En 1773 Juan Haurie lideró una campaña entre los almacenistas de vinos para la supresión del gremio de la Vinatería de Jerez, institución dominada por la antigua nobleza que prohibía en almacenamiento y añejado de vinos. Al año siguiente presentó ante el Consejo de Castilla una solicitud de supresión de dicho Gremio. Se produjo entonces un pleito que fue conocido como el «Pleito Haurie». En 1778, una Real Orden liberalizó la producción y el comercio de vinos en todo el país, invalidando las ordenanzas de cosechería jerezana. Este hecho dio paso al concepto capitalista en el sector vinícola con empresas que dominaban verticalmente todo el proceso productivo y comercial de los vinos de Jerez. El pleito Haurie debe ser considerado como la máxima expresión del conflicto de la transición del Antiguo Régimen al capitalismo en el Marco de Jerez. En este siglo XVIII comenzó la construcción de las grandes bodegas de Jerez. Algo estaba cambiando en la ciudad.

Asimismo, es importante tener en consideración que, en 1783, el rey Carlos III promulga la *Pragmática-Sanción contra los gitanos,* en la que se recogía ocho acuerdos de convivencia:

1. Los gitanos son ciudadanos españoles.
2. Debe dejarse de decir gitano, ya que todos los ciudadanos son iguales. Se sustituye la palabra «gitano» por «castellano nuevo».

3. Los niños gitanos deben ir a la escuela a partir de los cuatro años.
4. Los gitanos son libres de fijar su residencia.
5. Los gitanos pueden emplearse o trabajar en cualquier actividad.
6. Los gitanos tienen derecho de asilo y atención de enfermos.
7. Los gremios que impidan la entrada o se opongan a la residencia de gitanos serán penalizados.
8. Se imponen penas a los que obstaculicen la integración de los gitanos.

Sin embargo, para que el gitano pudiese disfrutar de esta tolerancia deberían cumplir tres condiciones mínimas:

1. Abandonar su forma de vestir.
2. No hablar el caló, su lengua, en público.
3. Asentarse y abandonar la vida errante.

Todas estas circunstancias, que indicaban un profundo cambio social, ligadas al atrevimiento de algunos, hicieron que el flamenco pudiese difundirse de las casas de vecinos, del círculo de las celebraciones familiares, de las gañanías, de las fraguas. Por eso apareció ya desarrollado, porque no era un invento de última hora realizado por un iluminado, sino el resultado de una lenta depuración.

Manuel Barrios nos dice:

Entendámonos: no quiero decir con esto que, para llegar a un grado satisfactorio de conocimiento, en el mundo de la copla, haga falta saber con pelos y señales el cúmulo de irracionalidades que condujo a la persecución de los judíos, a la expulsión de los moriscos y a la marginación secular de los gitanos; pero es imprescindible recordar que ocurrieron y que en los dejos estremecidos del cante subyace toda esa tristísima historia, aunque el que la interprete no sepa nada de ella. Los científicos lo llaman «memoria genética»; los poetas, «cultura de la sangre». Cuando esa cultura habla de sus clamores ocultos y de su expresión cala los huesos del oyente [...] se produce la catarsis; es decir, la sublime depuración de los sentimientos[70].

Otro de los enemigos que tuvo el flamenco fueron las modas y la separación entre lo que se suponía música culta de la popular. El estado llano es siempre el reducto donde se atrinchera el saber popular cuando se ve invadido por modismos extranjeros.

Entre 1701 y 1703 España sufrió la guerra de Sucesión, con el triunfo de Felipe V de Anjou. La casa real francesa entró en nuestro territorio y con ella las modas del país galo, supuestamente más acorde con los tiempos. Como suele ocurrir, los andaluces, aunque tenemos una cultura directora, siempre nos creemos que los extranjeros están más evolucionados; de todas formas, los que querían acceder a los favores de la Corte, tenían que aceptar esos nuevos aires que llegaban de la «civilizada» Europa. Minuetes, gavotas, zarabandas llenaban los salones de la gente importante, quedando relegada toda la música tradicional al pueblo supuestamente inculto. Primero las persecuciones, luego la incomprensión, más tarde el desprecio, hicieron que esta música del pueblo se plegara sobre sí misma y se recluyera en las corralas de Triana y, sobre todo, en

---

70 Manuel Barrios; *Gitanos, moriscos y cante flamenco*; RC Editor; Sevilla, 1989.

los arrabales, en las gañanías, en los tabancos, en las fraguas de Jerez.

Es a partir del siglo XIX cuando el flamenco sale de sus reducidos ámbitos y se extiende por la ciudad. El momento no es casual si tenemos en cuenta que la Inquisición es abolida por las Cortes de Cádiz a principio de ese siglo. Con esta medida y en vista de los años transcurridos desde la citada orden de expulsión de los moriscos, ya no había motivo para esconderse. Pero los años de reclusión pasaron factura, ya se había borrado de las conciencias la llamada a la oración de la *shahada*, el origen de la fatiga, de los faralaes, de la farruca; se saludaba «a la paz de Dios», pero ya era un dios diferente, los moriscos eran cristianos convencidos por la fuerza de la costumbre, ya ni siquiera tenían guardado el Corán para los rezos en privado. Aun así, el flamenco quedó relegado a los arrabales, a los jornaleros, porque los que lo cantaban seguían siendo marginados.

El flamenco conlleva una forma de vida, un concepto concreto que se lleva en la sangre y se exterioriza, y, en cualquier caso, se desmarca de cualquier afán de poder o riqueza; de hecho, ningún adinerado fue nunca flamenco. Unos eran los Nosotros, los de la Ley, los de la España triunfante; los otros eran eso, los Otros, aunque se hubiesen convertido, aunque aceptasen las leyes de los que mandan. No hay nada más racista que la pobreza. Por eso será que el flamenco ha tenido tantos detractores, que ahora callan porque el flamenco está de moda; y no nos referimos a quienes simplemente no les gusta, que están en su derecho, sino a los que se manifestaban públicamente en contra. Éstos son los garantes de las supuestas buenas normas, los intransigentes, los de la España del Nosotros, que sólo perciben en el flamenco mala vida, incluidas la prostitución y la delincuencia, y no ven, porque el que no quiere no puede ver, la manifestación cultural y étnica que conlleva. Pero aun así tienen su razón, espuria, pero su razón; si quieren una Nación católica y apostólica desde sus raíces, sin ninguna interferencia de lo musulmán, tienen que odiar, aunque sin saber el porqué, al flamenco.

Pero puestos a olvidar el pasado musulmán y demostrar que España siempre fue cristiana desde los visigodos a don Pelayo y de éste a la Reconquista, era preferible que el flamenco fuese asunto de gitanos; la mágica unión entre el pueblo gitano y el andaluz supuestamente repoblado. Unión que no se ha dado en ninguna otra parte del mundo, ni siquiera en Castilla, pero no importa; los andalusíes no eran de aquí, fueron todos expulsados y su tierra repoblada. Esto es lo que quieren que creamos los miopes y conformistas de la Historia, pero debemos investigar y aportar otras alternativas más veraces a tantas lagunas y datos que no cuadran, pasar por encima de intereses bastardos y asomarnos a la verdad sin vértigo ni prejuicio.

Flamenco de ventas, de cafés cantantes, de casa de vecinos, de bodas y, también, en la soledad del alma; flamenco asociado a la mala vida, a los arrabales, a la pendencia y a la prostitución, porque no se le quiso dar su lugar en la sociedad, ni puñetera falta que le hacía. Éste es un arte para los cabales, para los que lo entienden. Por eso, cuando entró en la Universidad fue bueno para ella, para la Universidad; la mayoría de los flamencos no son universitarios. Cuando lo han proclamado patrimonio intangible de la humanidad, bien para la humanidad, para la Unesco. El flamenco puro seguirá como siempre, expresión de un pueblo que necesita encontrar su pasado y su destino, que está cansado de padecer y necesita decirlo. Los espectáculos, los japoneses queriendo aprender, tablados turísticos, los discos que se editan, este mismo estudio, todo está muy bien; hay que comer, dejar que otros conozcan, buscar referencias. Pero el verdadero flamenco está en las raíces, en la vida.

A finales del siglo XIX surge el costumbrismo; unos intelectuales que se acercan al pueblo para conocer su pensamiento, su forma de vida, sus costumbres. Pero esta aproximación no se realiza en un plano de igualdad, ya que estos estudiosos analizan unos comportamientos, no exentos de exotismo, desde una posición de superioridad cultural.

Entre los literatos costumbristas destaquemos en Andalucía a Antonio Machado y Álvarez «Demófilo», con la colaboración de su madre, Cipriana, Cecilia Böhl de Faber, Juan Valera y a los hermanos Álvarez Quintero. Exceptuando a Demófilo y a su madre, los costumbristas recrearon lo popular según sus propias ideas y objetivos, sin un análisis previo, sin profundizar en sus entrañas, sin dejar una opinión, consiguiendo una imagen atractiva pero poco provechosa. Ellos son los responsables de ciertas ideas distorsionadas que aún perduran sobre el flamenco del siglo XIX y que vemos reflejadas en relatos, cuadros y grabados de la época. A mediados del siglo XX, a causa de la dictadura, se producirá un regreso al costumbrismo en el cine, con artistas como Estrellita Castro o Lola Flores, en el que se reproducen escenas irreales de heroínas irreverentes y desenfadadas y personajes chistosos y flojos, estereotipos que aún pesan, porque las películas se siguen reponiendo, sobre el concepto que se tiene fuera del pueblo andaluz.

Fruto de este costumbrismo, pero contemplado desde una mayor intelectualidad, se produce un auge del regionalismo en las primeras décadas del siglo XX.

Manuel de Falla analiza y lleva el flamenco a la música clásica, rompiendo con la hegemonía germana en la música y vindicando unas escalas armónicas diferentes a las hasta entonces utilizadas; tras él vendrán compositores como Turina que contribuirán al conocimiento y desarrollo de la música andaluza. En literatura, la saga de los Machado, Federico García Lorca, junto a parte de la Generación del 27, así como Blas Infante, aportarán una nueva visión del mundo andaluz. En arquitectura destaca Aníbal González. Estos intelectuales serán los que apuesten por el flamenco como seña de identidad andaluza, los que comprenderán que no se trata de un mero folclore sino de una forma de expresión que aúna diferentes conceptos de la existencia y del arte. Regionalismo en música, teatro, poesía, arquitectura, incluso en política, que se comprometió en rescatar el flamenco de lo marginal.

De los cafés cantantes a las peñas

Durante el siglo XIX el flamenco fue asentando las bases que hoy conocemos. Cante que, como el conocimiento en Alándalus, se fue transmitiendo de maestro a alumno sin que existiese constancia pautada de cómo se debía interpretar. El único medio de aprendizaje consistía en retornar a las raíces y buscar a los maestros.

A mediados del siglo XIX se popularizaron los «café cantante», locales de ocio en los que, además de los servicios propios de un café, se ponía en escena espectáculos populares; en su mayoría de cante y baile flamencos. Según Fernando de Triana (1867-1940), en 1842 ya existía un café cantante en Sevilla con actuaciones flamencas que, cinco años más tarde, se volvió a abrir con el nombre de «Los Lombardos». Estos locales tuvieron especial implantación en ciudades como Sevilla, Madrid o Barcelona. En general eran salones amplios con servicio de mesa, decorado costumbrista y un pequeño escenario donde ofrecer las actuaciones. El primer café cantante netamente flamenco lo abrió Silverio Franconetti en Sevilla, en 1881, al que llamó «Café de Silverio» y estaba situado en la Cuesta del Rosario. En este local actuaron los cantaores más importantes de finales del siglo XIX, entre ellos: Antonio Chacón, La Serneta, Fosforito, La Parrala o La Mejorana. Franconetti, a parte de Sevilla, tuvo cafés en Jerez, Cádiz y Córdoba.

Este tipo de locales fueron fundamentales para el desarrollo del flamenco. Hasta su creación, el flamenco apenas salía de los entornos familiares, de reuniones muy restringidas o de improvisados encuentros en alguna venta o taberna; siempre en un círculo muy próximo a los propios flamencos. A veces, familias de clases pudientes contrataban a algún cantaor, hablar de artistas profesionales es aún muy pronto, para que amenizara sus fiestas. En cambio, a partir de la apertura de estos cafés, el flamenco se pudo abrir al público en general, aficionados que eran ajenos a las familias flamencas o no disponían del suficiente dinero como para contratar a algún flamenco de manera privada, podían tener acceso a este espectáculo por un módico precio. También aumentó de manera considerable el número de aficionados. Así comenzó la profesionalización del cante pues, al tener una paga asegurada por estos establecimientos, algunos artistas se pudieron dedicar de forma exclusiva a su arte y entrar en competencia con otros cantaores.

Gracias a hacerse profesionales, de los cafés cantantes surgieron algunas de las figuras más importantes del flamenco como Tomás el Nitri, Antonio Chacón, Enrique el Mellizo o La Niña de los Peines.

El flamenco, al igual que los toros, fue duramente atacado por la generación del 98, a excepción de Manuel y Antonio Machado que tenían, gracias a su padre y a haber nacido en Sevilla, un conocimiento mucho más profundo y complejo de lo que significaba el mundo del flamenco. El más reconocido antiflamenquista fue el escritor madrileño Eugenio Noel (1885-1936), que atribuyó al flamenco y a la tauromaquia el origen de los males de España pues, a su entender, la ausencia de estas manifestaciones en los estados modernos se traducía en un mayor desarrollo económico y social. Estemos de acuerdo o no con estas consideraciones, lo cierto es que se abrió una zanja entre el flamenco y la mayor parte de la intelectualidad que duró varias décadas. También es cierto que el origen marginal del flamenco, su permanencia en locales donde la delincuencia y la prostitución no le eran ajenas, ha contribuido a esta fama que, por fortuna, ya ha dejado atrás.

Sin embargo, gracias a la revalorización de finales del siglo XIX y principios del XX de la mano del costumbrismo, a la invención del fonógrafo (por Thomas Alva Edison, en 1877) y del gramófono (por Emile Berliner, en 1887), se realizan las primeras grabaciones de cantes antiguos: tonás, seguidillas, soleás, tangos, bulerías, alegrías, de las que ahora podemos gozar y tener un reencuentro, si no con los orígenes, al menos con los cantes antiguos.

Ya vimos que, como fruto del costumbrismo de finales del siglo XIX, se produce un auge del regionalismo (nacionalismo) en las primeras décadas del siglo XX. Este siglo será el de la reafirmación del flamenco, cuando pase de lo particular a lo público; de ser un arte anónimo se convierte en personal y, con el tiempo, en profesional.

Hacia mediados de la década de 1920 los cafés cantantes tuvieron que cerrar sus puertas debido a que los artistas flamencos, algunos ya con fama internacional, preferían ofrecer sus espectáculos en locales mejor acondicionados y con mayor cabida como eran los teatros; esto ayudó a ir dejando atrás la idea de marginal o de mala vida que llevaba aparejado, para algunos, el concepto de flamenco. De esta forma, entre 1920 y 1955 los espectáculos flamencos pasaron a celebrarse en plazas de toros y teatros bajo el nombre de «Ópera Flamenca»[71]. De esta forma, el flamenco se extendió por toda España y las principales ciudades del mundo; pero el gran éxito comercial alcanzado hizo que se eliminaran del repertorio habitual algunos palos antiguos y sobrios en favor de los más ligeros y accesibles para el gran público. Los puristas atacaron esa liviandad de los cantes, así como el uso del falsete y el estilo gaitero. Este es un ejemplo más del eterno debate entre hacer un arte popular, y rentable económicamente, o mantener la pureza y la profundidad del estilo. En música clásica también se ha discutido mucho sobre esta cuestión y no creemos que existan más melómanos gracias a las pachangas creadas a partir de obras populares de Mozart o Brahms.

De todas maneras, con la Ópera Flamenca llegó una época de creatividad abierta en la que se fue conformando la mayor parte de lo que sería el repertorio flamenco posterior. Entre sus figuras destacan: Antonio Chacón, Manuel Torre, Pepe Marchena, La Niña de los Peines o Manolo Caracol.

Como expresión de esta intelectualidad y en la línea de los puristas, se convoca en el Patio de los Aljibes de Granada, en 1922, *El concurso de cante jondo*, impulsado por Federico García Lorca y Manuel de Falla. El certamen no tuvo el reconocimiento que debiera; en un artículo de la revista *Nuevo Mundo*, firmado por Federico García Sanchís, se llega a decir: «El Concurso, en

---

71 La denominación «ópera» se debe a una estrategia económica de sus promotores. La ópera tributaba solo en 3% y, los espectáculos de variedades, el 10%.

definitiva, se redujo a oír a los profesionales, que cualquiera encuentra en los camarotes de un colmao, y a que las faraónicas del Albaicín repitiesen una vez más las caravanerías que suelen servir al turista en el teatrito de este Palace Alhambra Hotel». Hay que tener en cuenta, en su descargo, que fue la primera vez que se daba tal evento y que el marco geográfico no fue el más acorde con el cante jondo. En este concurso se dieron a conocer un viejo septuagenario, El Tenazas, y un niño de once años, Manolo Caracol.

En los primeros años de la dictadura franquista, el mundo del flamenco se miró con recelo, las autoridades no tenían claro que este arte, proveniente de los arrabales de los pueblos de Andalucía, de los jornaleros, de los gitanos, contribuyese a la conciencia nacional, al nacionalcatolicismo imperante. Pero también sabían que el arraigo que el flamenco tenía en el pueblo andaluz era profundo, que, en la peor de las situaciones, se podía volver al seno de su comunidad a la espera de tiempos mejores. Por ello, el Régimen adoptó pronto al flamenco como una de las principales manifestaciones de la cultura española. De esta forma, como en tantos otros campos, hizo confundir lo andaluz con lo español, vació de contenido su espíritu para presentarlo como un mero folclore y potenció a figuras flamencas que eran adeptas al Régimen o, por lo menos, que no pudiesen plantear ningún problema social. Algo similar sufrió la canción andaluza.

A partir de la mitad del siglo XX comienzan a publicarse estudios antropológicos y musicológicos sobre el flamenco. En 1954, la casa Hispavox, publica la primera *Antología del Arte Flamenco*, dirigida por el guitarrista jerezano Perico el del Lunar. Aunque tuvo una gran acogida en su época, en ella domina el cante orquestado que le da unas características que no son propias del cante hondo. El argentino Anselmo González Climent publica, en 1955, el ensayo *Flamencología*, palabra que abarcaba al «conjunto de conocimientos, técnicas, etc., sobre el cante y el baile flamencos». Este libro representó una nueva forma de estudiar el flamenco, pues le aplicaba un método académico propio de la musicología; ensayo que ha servido de base para posteriores estudios sobre el género. En 1963, Ricardo Molina y Antonio Mairena publicaron *Mundo y Formas del Cante Flamenco,* libro al que nos referimos con anterioridad.

Gracias a las grabaciones y a los ensayos, a partir de 1950, el flamenco se convirtió en un objeto de estudio. Demostrando lo que venimos sosteniendo en estas páginas, que no es un simple espectáculo, un folklore al uso, una mera expresión musical, sino todo un mundo que se exterioriza en la escena pero que tiene una vida interior muy intensa.

Para dar respuesta a la necesidad de reunirse en un reducido número para escuchar flamenco, para vivirlo con mayor intensidad tanto en su teoría como en su práctica, para promocionarlo, surgen las peñas flamencas. La primera de la que se tiene constancia fue La Platería, en Granada, fundada en 1949, luego vendría la peña Juan Breva, de Málaga, en 1958; Los Cernícalos, en Jerez, en 1969; Puerto Lucero, en Sanlúcar de Barrameda, en 1978. La lista actual es muy larga, casi todas las poblaciones andaluzas tienen la suya. Solo en Jerez, la ciudad que debe de tener más peñas flamencas de Andalucía, son más de una veintena.

En 1958 se funda en Jerez la *Cátedra de Flamencología,* primera en Andalucía, dedicada al estudio, investigación, conservación, promoción y defensa del arte flamenco. Más tarde, en 1985 se aprueba el estatuto del la Fundación Andaluza de Flamenco, de la que formaban parte la Junta de Andalucía, la Diputación de

Cádiz, el Ayuntamiento de Jerez y la Caja de Ahorros de Jerez. En 1987 comienza su andadura, la sede se ubica en la calle Corredera esquina a la plaza de las Angustias. En 1988 traslada su domicilio al Palacio de los Marqueses de Mesas de Asta, en la plaza de San Juan. En 1993 se disuelve la Fundación y la Junta, en solitario, crea en la misma sede el Centro Andaluz de Flamenco. Tras diez años de actividad, en 2013, cambia su nombre por Centro Andaluz de Documentación del Flamenco (CADF).

Las principales actividades del CADF son la recuperación, conservación, investigación y difusión del flamenco. Cuenta con abundante material relacionado con el flamenco: una fonoteca con casi 15 000 grabaciones discográficas, vídeos, hemeroteca, archivo gráfico y una biblioteca con más de 5 500 volúmenes y 1 200 archivos de música impresa. La Cátedra de Flamencología, tras su disolución le ha donado sus pertenencias, entre ellas muchos discos de pizarra únicos.

En la última mitad del siglo XX surge en España, como si de una revolución se tratase, la clase media. Hasta entonces la sociedad estaba económicamente muy polarizada. Parte de esta clase media es la que también hará suyo el flamenco, porque se ha criado con él, porque comprende el valor de este arte, porque también lleva la huella morisca en su interior. Y así, el flamenco se reivindica como una seña de identidad, como una de las expresiones del arte más profunda que puede dar un pueblo. Se fundan peñas flamencas, se crean festivales, los cantes llenan los teatros de todo el mundo. Los descendientes de aquellos moriscos, aunque ya no recuerden quienes fueron sus antepasados, ya no son marginados, forman parte de la sociedad.

El flamenco

Los cantes flamencos se pueden clasificar en tres grandes grupos:

Grupo I, cantes primitivos y básicos:
— Romances (corridos, corridas, carretillas).

— Tonás (martinetes, carceleras, deblás).

— Seguiriyas (livianas, serranas).

— Soleás (alboreás, polos, cañas, bulerías).

— Tangos (tientos, tanguillos, marianas).

— Cantiñas (alegrías, caracoles, mirabrás, romeras).

Grupo II, cantes derivados del fandango andaluz:
— Cantes de Málaga (verdiales, rondeñas, malagueñas).
— Cantes de Levante (granaína, media granaína, taranto, taranta, cartagenera, minera).

— Fandangos de Huelva.

Grupo III, cantes aflamencados de origen folclórico andaluz:

—Sevillanas, campanilleros, bamberas, farrucas, garrotín, colombianas, rumbas.

En esta clasificación se comprueba que el grupo I, formado por los cantes básicos o jondos está ceñido a la franja Sevilla-Cádiz[72]. De estos cantes, los romances son en 3x4, la toná libre, la siguiriya en 3x4 – 6x8, la soleá en 3x4, el tango 4x4 y la cantiña en 3x4.

Como vimos, el flamenco es un cante muy reglado; el cantaor puede incluir melismas, quejidos, algún adorno, pero la ejecución debe ajustarse a unos cánones muy precisos. Cada palo se sigue ejecutando hoy en día como antiguamente, es más, se valora cuando al cantaor se le aprecia un sonido antiguo; toda innovación termina siendo una canción aflamencada, no flamenco.

Esta característica nos hace recordar las reglas de la nubas y otros cantos andalusíes, que se han mantenido invariables durante siglos.

Recordemos que otra particularidad del flamenco es que es un cante de una sola voz, en la que predomina el modo de Mi mayor y su relativo Do# menor con el sexto grado alterado. El cantaor ejecuta y no es contestado por ningún coro o segunda voz, es un discurso único y prefijado. Sus letras son, como el romance, de rima asonantada en los versos pares; lo que nos traslada a unos tiempos muy pretéritos. La siguiriya, con su particular composición poética, también es un poema de honda tradición popular en esta tierra.

Por todo ello, podemos decir que el flamenco no es

---

72 Manuel de Falla consideraba que el cante jondo era el cante antiguo, mientras el cante flamenco era el moderno.

un folclore al uso, sino un ritual, una ancestral liturgia que se va repitiendo, aunque ya se haya olvidado el impulso primigenio que lo motivó. En sus estrechos cánones, en su oposición a mínimos cambios, en la soledad de los ejecutantes, en su seriedad, se pone de manifiesto ese ceremonial. Por eso un cantaor puede entonar en la soledad de su faena, no necesita público, no está tampoco ensayando, lo que hace es invocar ese rito para su interior, para encontrar su propia armonía. De todos modos, para que exista flamenco deben reunirse al menos tres actores: el que canta, el que toca las palmas y el que escucha; igualmente, para que exista un ritual son imprescindibles tres elementos: el oficiante, el asistente y el receptor.

Estos rasgos esenciales del flamenco pierden su valor en los grandes festivales; la liturgia sólo es eficaz entre adeptos, entre los cabales, entre los que saben escuchar. Como dijo don Antonio Chacón: «Oír no es lo mismo que escuchar, oír lo hace todo el que tiene orejas, escuchar sólo los que entienden».

Pero ¿qué es entender? Entender no es sólo conocer las reglas del cante, la profundidad de las letras, seguir el compás, eso puede alcanzarlo cualquiera que preste un poco de atención y tenga sentido del ritmo. Entender es conocer los pasos de esa liturgia, formar parte del rito que se desarrolla en cada momento; ser un buen oficiante o receptor. A veces, la mejor intervención no es la más brillante sino aquella que consigue motivarnos; la que tan acertadamente se define con «el pellizco», la que remueve algo en nuestro interior y nos eriza el vello. Ese instante se consigue cuando el ritual es el acertado; cante, letra, tono, gesto, ambiente, recepción, todo debe estar en sintonía para que se produzca la aparición de esa mística que hace del flamenco algo más que un puro arte, una simple música.

Entonces el cantaor, el bailaor, es el oficiante de un ancestral rito que se comunica con los presentes que estén en su misma sintonía. Rito inmemorial y atávico que trasciende a través de la fuerza telúrica, de nuestros dioses antiguos, de la Madre Naturaleza.

Tras estas consideraciones, quizás se pueda entender mejor la raíz andalusí del flamenco, los términos *shahada, salm aleikum,* la alabanza a Allah a través de los olés; no porque el flamenco sea una ceremonia musulmana, sino porque se remite a un rito más antiguo, quizás tan antiguo como el hombre, y que en Alándalus tuvo su connotación islámica.

Entonces aparece el duende; que no es mera inspiración artística, ni ejecución académica, sino la catalización de los diversos elementos por los que la liturgia alcanza el efecto deseado; al igual que un hechizo es provocado por un conjuro ejecutado con destreza y acierto. Al duende no se le busca, él sólo está presente si la ceremonia se realiza de acuerdo con unos parámetros de ritual establecidos desde antiguo; el duende es el resultado de la perfecta factura.

Es cierto que el intérprete ya ha perdido los fundamentos de estos signos, pero en su interior, en el interior de todos los presentes que sean cabales, en el subconsciente colectivo, subsiste la necesidad de revivir ese vínculo y ese es el objeto de una reunión flamenca. Al duende no se le puede definir porque es etéreo, porque él sólo no es nada, necesita de la liturgia, de unos condicionantes que apenas nadie conoce, pero todos reconocen cuando aparece. Esta relación de intimismo con respecto al grupo nos hace recordar la necesidad religiosa oculta, por perseguida, de la que procede el flamenco.

El flamenco no es un folclore y es algo más que música; es una mística. Está característica sólo la encontramos en otras culturas que, por diversos caminos, han llegado a la misma conclusión; nos referimos al góspel, al soul, al jazz auténtico ejecutado según los cánones por los negros de Nueva Orleáns; a la ancestral cultura japonesa, cuya propia mística le ha llevado a concebir el flamenco como una prolongación de sus ritos; al tango argentino, al fado portugués. Tanto en el flamenco como en estas músicas podemos observar una relación entre lo tradicional y la exclusión de la que es víctima un pueblo; una forma de entender la existencia, de vivir en contra de las instituciones que intentan globalizarlo todo para que nada genuino ni nada que no consiga beneficios económicos pueda florecer.

El flamenco también es una catarsis. Cualquier recital de otro tipo de música suele ir de menos a más: de un adagio a un vivace, de un piano a un forte, de la exposición de un tema a su desarrollo, de lo liviano al éxtasis; en cambio, un recital flamenco comienza con una soleá, una seguiriya, un tiento; todos cantes profundos y, a veces, trágicos. Es así porque el cantaor nos invita a sacar fuera todas las penas y pesares que agobian nuestra alma, los dolores que se acumulan en el hombre; la seguiriya para el alma, la soleá y el tiento para el cuerpo. Una vez que a través del cante nos hemos purgado, que hemos echado fuera todo lo malo, que se ha producido la catarsis, es el momento de la alegría, de la reconciliación, de la vida; cantemos por bulería.

Pero esto no es nuevo ni único, ya Aristóteles, en *Poética*, habla de «redención», refiriéndose al espectador de la tragedia, y de la «catarsis», en la *Política*, a propósito de las utilidades de la música[73]. Lo que nos

---

73 Ver Ángel Sánchez Palencia: «"Catarsis" en la Poética de Aristóteles», *Anales del Seminario de Historia de la Filosofía*, núm. 13; Servicio de Publicaciones UCM, Madrid, 1996.

indica que la búsqueda de la paz interior a través de la música, o de cualquier otro rito comunitario, nos viene desde mucho tiempo atrás.

A esto podemos añadir que los bailes que se dan en las distintas culturas suelen ser de cortejo, de enamoramiento; una pareja que danza mientras la mujer se insinúa y el hombre se deja querer. También observamos que el ballet clásico tiene por objeto contarnos una historia y, para ello, pone en escena a cuantos bailarines son necesarios. Por contra, el flamenco suele ser el baile de un único ejecutante, sin cortejo ni enamoramiento, en el cual el artista no intenta contarnos nada, es pura expresión; una expresión de absoluta seriedad, si exceptuamos algunos palos como la bulería o el tango. Al igual que en el cante, todo está reglado, la improvisación es mínima, el resultado sólo depende de las condiciones físicas y anímicas del intérprete y de su arte. Esta particularidad confirma lo que venimos sosteniendo, que el flamenco es un ritual, una ceremonia en la que el bailaor es en ese momento el oficiante.

Estas particularidades que hemos expuesto nos llevan a sostener que el flamenco, como concepto, es algo ancestral e intrínseco a Andalucía, que viene en los genes de los habitantes de esta tierra desde tiempos remotos. Con esta misma concepción ritual se le cantaría y bailaría a las diosas madres de la antigüedad.

Por ello, el flamenco está fuera de cualquier razón o lógica.

Yo no me atrevo a salir,
tengo la prisión abierta,
yo no me atrevo a salir,
porque detrás de la puerta
hay un soldao con un fusil.
Centinela alerta.

Flamenco y mercado

En demasiadas ocasiones oímos la opinión de que el flamenco no está suficientemente promocionado, que necesita expandirse por un público más amplio y heterogéneo que haga de él una verdadera industria cultural.

Aún no se han enterado de que el flamenco no es una mercancía sino una forma de vida, un ritual, una fe. Si el flamenco se propagase sin control, por el solo propósito de tener más consumidores, lo abocaría a la muerte. Podría ser un magnífico espectáculo, los intérpretes obtendrían pingues beneficios, el público gozaría con la música, pero dejaría de ser flamenco para convertirse en una expresión artística más.

Ya se intentó su mercantilización durante la época de las óperas flamencas, donde a la liviandad de los palos que se ejecutaban, para atraer más público, se le unió los intereses políticos de la Dictadura que intentó desnaturalizarlo para convertirlo en el referente de lo español. Por fortuna, el flamenco fue más fuerte que las modas y los intereses espurios de los que solo ven el beneficio económico o político y se mantuvo fiel a su esencia.

Toda moral se impone por la fuerza con fines de selección de las jerarquías colectivas a partir de la violencia primaria de las aristocracias, de forma que la religión, la filosofía, el arte, y la ideología se utilizan para subyugar a los pueblos insertándolos en su tejido biológico. Las indagaciones en torno al cerebro límbico descubrieron que allí se generaban los juicios morales a partir del dinamismo emocional y no del razonamiento lógico.

La burguesía se legitima como clase hegemónica en el terreno económico a través de la cultura, por lo que en una sociedad de absoluta primacía burguesa será la estética burguesa la que goce de una mayor legitimación y serán sus criterios evolutivos y jerárquicos los que prevalgan a la hora de juzgar una obra de arte. Es la cultura burguesa, con su estética correspondiente, la que legitima y reviste de dignidad el poder económico dominante, sin olvidar nunca el papel que en todo ello representa la *violencia simbólica* o capacidad de perpetuar las relaciones de dominación haciéndolas ignorar como tales a quienes las sufren.

Muchos autores sostienen que la opinión pública no existe, ya que lo que se entiende como tal es una información manipulada y explícitamente establecida por grupos de poder que, a través de los medios de comunicación de masas, imponen sus intereses en el cuerpo social. Esto nos lleva a pensar que el arte no sea más que diversas categorías de producciones legitimadas, consensuadas y sancionadas por los sectores hegemónicos multidimensionales que tratan de acreditar su posición mediante el gusto de acumulación estética y, las obras de arte, no serían más que objetos que existen solo en la conciencia de quienes lo reconocen como tales. El dispositivo de clasificación de semejantes objetos está en manos de aquellos mercaderes, críticos y artistas que aceptan las reglas jerárquicas fijadas por la estética burguesa o, lo que es igual, por la economía política de la estética burguesa.

Una de las características del flamenco es que se sale de la estética dominante, que no es el resultado de unos criterios burgueses, por lo que no tiene, aunque lo soporte, legitimación de la clase dominante.

Hasta no hace demasiado tiempo el flamenco ha sido despreciado por las elites políticas y culturales, era considerado un espectáculo de gentes de mal vivir, cercano a la prostitución y pronto a la violencia. Aunque en algunas ocasiones no faltasen motivos para estas afirmaciones, la verdad es que el flamenco no era bien considerado por ser del pueblo y no necesitar el beneplácito social dominante para su existencia. Con toda la oposición que ha sufrido, este arte ha prevalecido durante siglos, unas veces más visible, otras más oculto, siempre mantenido por el propio pueblo que lo genera.

Esta característica, de no estar dentro de lo que la jerarquía dominante impone como cultura, ha sido uno de los problemas del flamenco y, a la vez, una de sus grandes aportaciones a la sociedad. Es necesario que el flamenco continúe libre de intereses oligárquicos, que pueda ser como es y no como le impongan.

Pero por un lado está la sociedad mercantilista actual, que todo lo mira desde la óptica del beneficio económico, que intenta meter sus zarpas en este mundo tan particular y obtener del flamenco todo el rendimiento posible aunque signifique su muerte y, por otro lado, como venimos diciendo, está la cultura de la jerarquía dominante, que es la que dicta las normas en este mundo, que necesita someter a toda cultura popular para que se subyugue a sus cánones y sirva a sus intereses de pensamiento. Como el flamenco pertenece al pueblo, es independiente al poder, tanto económico como político, y ha demostrado firmeza, la estrategia es vaciarlo de contenido, difuminar su esencia con la excusa de una supuesta popularización. Para ello se organizan eventos masivos en los que se cantan palos aliviados para no aburrir a los presentes, donde se da mucha fiesta y ninguna catarsis; se editan discos que están diseñados para consumidores poco entendidos y menos exigentes. La añagaza está en la proyección de los artistas y el beneficio que ello supone, en la difusión del flamenco. El viejo axioma de, si no puedes con el enemigo, únelo a tu bando.

Por suerte, el flamenco, y la mayoría de los artistas, se mantiene fiel a sus principios y está claro que todo lo que no es flamenco se considera canciones aflamencadas, con aires flamencos, flamenco-fusión, o como lo quieran llamar, pero que nunca es flamenco. Un cantaor jamás edulcorará una seguiriya para que sea aceptada por la masa, la canta como es y punto.

Aunque últimamente se han olvidado de que ni el cante es para sordos ni el baile para gimnastas. Las cualidades de un cantaor no se miden por la potencia de su voz o por su predisposición al grito, sino por su capacidad para convocar al duende, por el pellizco que puede provocar en su momento. Por eso los buenos cantaores suelen ser los viejos, cuando la fuerza de la juventud ha amainado para dar paso a la experiencia y al sentir. No nos olvidemos que al principio de este ensayo dijimos que el flamenco no es un folclore al uso, sino un ritual, una ancestral liturgia. Igual podemos decir de los bailaores, que no es cuestión de fuerza física sino de comunicación.

Algunas reflexiones

En las ceremonias familiares de los habitantes de los arrabales de Jerez se cantaba y bailaba como en ninguna otra parte del mundo se hacía. Eran cantes y bailes muy antiguos, del que solo se conocía que se practicaban desde hacía muchas generaciones. Fiestas para los bautizos, para que la criatura entre a formar parte de su comunidad. Cantes de boda para desearle a la pareja una vida feliz y se diviertan los invitados. Cantes al frescor de las noches de verano. Cantes para hacer más llevaderas las penas del trabajo, para denunciar las injusticias.

¿Quiénes eran?, ¿de dónde venían? Todo se mezclaba en la noche de los tiempos. Tanto intentar parecer lo que no se es para preservar lo que se es, que se termina confundiendo los sentidos hasta ser lo que no se es. Pero algo queda, esa identidad que permanece hibernada no la puede eliminar nadie; encubrir sí, incluso olvidarla, pero eliminar nunca. Quedan los «olés», los «a la paz de Dios» y tantas palabras que siguen indicando lo que se ha sido. Queda el respeto a la madre, el amor a la tierra, el nombre de la familia; no todo se ha olvidado.

Eran en las ceremonias de fiesta donde se tenía que cantar y bailar por bulerías, ese ritmo que en Jerez podemos seguir durante el tiempo que el cuerpo aguante. «*Bul-larya*», la bulla que se monta en una boda, ese sería uno de los cantes más primigenios que después pasaría de las bodas a cualquier otra fiesta. Bulerías que se convirtieron en alboreás, que tienen el mismo ritmo, pero cuyas letras son específicas de las bodas.

Fiestas de conversos que se tenían que hacer pasar por gitanos para librarse de la expulsión al norte de África, para no tener que soportar el acoso de la Inquisición, aguantar el odio de algunos cristianos viejos. Por ello, esas ceremonias tenían que ser privadas, dentro del seno de la familia, la kabila, o del círculo de allegados.

Pero no todo en esta vida es fiesta, también existen los momentos introspectivos, los de dolor, los de fatiga.

Debió existir un tiempo primigenio en que esas penas se cantaban por las diferentes variantes de la toná: martinete, carcelera, debla. Cada una según las circunstancias, la fragua, la cárcel, la persecución, o los eternos lamentos del alma humana: amor, vida, muerte.

> Estando yo preso en Caí,
> que me sentaba
> en el mío petate.
> Y no me importaba
> lo que había pasado,
> sino lo que me quedaba por pasar.

La toná, de tonada, que significa «cantable», pueden venir de los antiguos romances, por ello no existe un modelo específico sino una serie de tonás distintas, muchas de ellas ya olvidadas. Si tenemos en cuenta que los romances antiguos son herederos de los cantos andalusíes, como la moaxaja o la nuba, tenemos otra conexión entre el flamenco y Alándalus, bien a través de los romances o paralelos a estos, ya que estos cantos andalusíes pudieron dar paso, por un lado, a los romances y, por otro, a las tonás. De todas maneras, y habida cuenta que la toná es modal, su origen tendríamos que buscarlo en un tiempo anterior a la expulsión de los moriscos.

De todas las que existieron, que debieron ser muchas, en la actualidad apenas si se interpretan la grande, la chica y la del Cristo, ligada a las saetas.

El compás de la toná debió ser en un principio sin sujeción rítmica alguna, en la actualidad se suele cantar al compás de seguiriya.

En cuanto a la tonalidad, ya hemos dicho que es modal, se interpreta a medio camino entre el modo mayor o menor y el frigio andaluz. Como ejemplo, el martinete es mayor y la debla frigio.

Páginas atrás dijimos que Tío Luis el de la Juliana cantaba una toná llamada liviana, por lo que es de suponer que su compás era de seguiriya. Aquí podemos tener una referencia a la aparición «pública» de la seguiriya, momento fundamental para la creación de lo que hoy conocemos como flamenco.

Pero Juanelo dijo que Tío Luis de la Juliana lo cantaba todo, ¿cuánto es todo? Podríamos suponer que ese todo sería los diferentes palos que se ejecutaban en el segundo tercio del siglo XVIII, lo que nos aportaría poco para nuestro estudio. Pero Juanelo hizo esta afirmación alrededor de mediados del siglo XIX, cuando se sabe que los diferentes palos del flamenco ya estaban asentados, por lo que ese «todo» toma otra dimensión y nos lleva a pensar que en tiempo de Tío Luis ya existían casi todos los cantes que se van a conocer casi un siglo después. Observemos que Juanelo no le da a Tío Luis la autoría nada más de algunas tonás, por lo que el resto de los cantes que ejecutaba tenían que venir de más antiguo, pues no eran de él.

Como muy antiguas deben ser las peteneras, pues son herederas de las nanas sefardíes.

Las diferentes cuestiones que llevamos analizadas nos llevan a reafirmarnos en nuestra hipótesis por la que de aquellas bulerías festeras, al ralentizarlas para hacerlas más introspectivas, para que pudiera servir para la catarsis y desahogar el alma, surgirá la soleá y, al darle la vuelta al compás, aparecerá la seguiriya. Posteriormente se cantarían seguiriyas más suaves que se conocerían como livianas, que pasarían a formar parte de las tonás.

Esta nueva forma de cantar podía parecer nueva, pero ni se trataba solo de cantar ni era nueva su concepción. No solo era cuestión de cantar porque el flamenco ya hemos dicho que es una forma de concebir el mundo, la existencia; no es subirse a un escenario y mostrar unas facultades musicales que la Naturaleza le ha otorgado al cantaor de turno. El flamenco es una forma de vida que poco tiene que ver con la que nos intentan imponer desde los círculos del poder, desde los intereses turísticos, desde la economía de mercado, es una concepción de la existencia que lleva a practicar una liturgia que tiene en la actuación la puesta en práctica del rito; es en ese momento cuando se intenta atraer a las fuerzas de la Naturaleza para que nos sean propicias, para liberar de las penalidades a los presentes y llevarlos a un plano superior en su existencia; cuando se consigue, aparece el duende.

Nada nuevo, esta ceremonia se debió practicar de cualquier otra forma, pero con la misma finalidad, desde tiempos inmemoriales cuando otras deidades atraían a los hombres; cuando la tribu se reunía alrededor del sacerdote para que los dioses les fueran propicios y la Naturaleza amable.

Han podido cambiar los ritmos, las letras, pero el sentido de familia que se reúne para estar en paz con su espíritu, para la catarsis, continúa siendo el mismo.

Conclusión

En el Bajo Guadalquivir, hace muchos siglos, se desarrolló una cultura alrededor del lago Ligustino que ocupaba lo que ahora son las marismas de este río. Ese pueblo adoraba a la Madre Tierra en la figura de Astarté y celebraba cada año la muerte y resurrección de Melkar como símbolo de la regeneración cíclica de la Naturaleza. Los habitantes de esta zona han mantenido esta cultura durante siglos a pesar de las sucesivas conquistas y de los cambios económicos, políticos o religiosos que se iban produciendo. Una sociedad puede cambiar de sistema, de religión, mas el componente étnico es difícil de eliminar, ya que pasa de padres a hijos a través de las costumbres, de la forma de pensar y entender el mundo y, tal vez, de los genes.

Algún lector podrá pensar que estamos llevando el flamenco hasta demasiado atrás en la Historia, pero esa no es nuestra intención. Lo que pretendemos es situarnos en una tierra, entre sus pobladores y ver la singularidad que tienen durante la Historia con respecto a otros pueblos. Queremos saber si esta manera de entender la vida, de comunicarse con la Naturaleza, con los dioses; si la forma de sentir la música, la poesía, la llevamos dentro como un regalo de nuestros antepasados. No es el flamenco lo que viene de muy atrás, sino la manera de entender el arte, la vida, lo que nos ha llegado desde un tiempo tan pretérito y que ha producido esto tan complejo que llamamos flamenco. Porque el flamenco no es solo música sino todo este sentir que llevamos descrito.

Ya vimos cómo se mantienen viva ciertas tradiciones como Astarté en la Virgen del Rocío o el culto a las vírgenes negras. ¿Por qué no ha podido suceder igual con el flamenco, se llamara antes como fuese, sin que tenga que ver aquellos ritmos con los actuales? Nos referimos a ese concepto de rito, de ceremonia, al querer conjugar los elementos para que nos sean propicios, a la catarsis colectiva. No son en las formas sino en la intención donde queremos indagar.

Desde principios del siglo VIII se desarrolla en la Península una cultura autóctona sobre el sustrato hispano-romano, que tomará el nombre de Alándalus. Que no fue una invasión árabe sino el resultado del enfrentamiento entre trinitarios y unitarios[74], con el triunfo de estos últimos. Este nuevo estado adoptará en el siglo IX al naciente islam como religión oficial, aunque conservará una importante población cristiana y judaica, y cultivará de manera especial las artes y las ciencias. Renacimiento que se adelantará al de otras zonas de Europa y que tendrá singular floreci-

---

74 Trinitario es aquel que cree en la Santísima Trinidad, según dogma del Concilio de Nicea, año 325. Unitario es quien cree en un único Dios, que ni engendró ni fue engendrado. Unitarias fueron diversas doctrinas, consideradas como herejías por la Iglesia oficial como: el priscilianismo en la península Ibérica, el donatismo en el Norte de África, el arrianismo en Alejandría o el nestorianismo en Antioquía. Todas estas doctrinas convergieron posteriormente en el islam.

miento en los reinos taifas. En Alándalus se utilizará el árabe como lengua oficial, pero el pueblo hablará un idioma, entre el romance y el árabe, denominado algarabía, que influirá de manera decisiva en el nacimiento del castellano como lengua.

Tras la conquista de Andalucía occidental por Castilla, la mayor parte de la población musulmana se convertirá al cristianismo, para conservar sus bienes, o emigrarán a Granada, por no renunciar a su religión; otros se quedarán en su lugar de origen sin renunciar al islam, estos serán conocidos como mudéjares. Guerras posteriores traerán a Castilla más población musulmana, esta vez como esclava.

Tras la conquista de Granada, en 1492, se da por concluida la época de Alándalus, se pone fin al islam oficial en cualquier rincón de la Península y se emprende una fuerte campaña de conversión al cristianismo; al principio, la Iglesia-Estado intenta adoctrinar por convencimiento y más tarde, al no lograr sus propósitos, por la fuerza. De esta forma aparece la figura del converso, morisco si proviene del islam, marrano si del judaísmo. Aun así, las autoridades no están segura de la veracidad de estas conversiones y funda el Tribunal del Santo Oficio de la Inquisición, encargado de salvaguardar la fe cristiana y desenmascarar a los falsos conversos. Se prohíben entonces las manifestaciones sociales y culturales moriscas, sus vestimentas y su lengua; en definitiva, se intenta borrar su identidad. La Inquisición realiza innumerables autos de fe en los que los conversos son cruelmente quemados en hogueras de espío y sacrificio.

En 1610, tras unas revueltas en el reino de Granada iniciadas en 1568, se ordena la expulsión de los moriscos. Pero este destierro resultó un fracaso por diferentes motivos: unos se habían ocultado en las sierras o entre la población, ya que no existía ninguna diferencia física entre los moriscos y los cristianos viejos; otros se escaparon una vez concentrados para la expedición y, los más, se quedaron en Andalucía a causa de diversos motivos de logística y fueron repartidos por distintos pueblos. También se quedaron los que eran expertos en ciertos oficios de difícil sustitución, los hijos menores de seis años y las casadas con cristianos viejos. De los desterrados no fueron pocos los que regresaron, unos ocultándose entre su gente, otros haciéndose pasar por gitanos.

De este pueblo que lleva aquí asentado cientos de años alrededor del antiguo lago Ligustino, en unión con los moriscos, que también son autóctonos sólo que dejaron el islam más tardíamente, es de donde nace el flamenco. Flamenco que viene de *felah-mencub*, jornalero al que se le ha desposeído de todo, porque así eran los trabajadores de esta tierra, unos parias que no tenían para sobrevivir nada más que las mal pagadas peonadas en campos ajenos y que se hacinaban en los suburbios de Jerez y Sevilla entre hambre y miseria. Por ello las antiguas letras del flamenco hablan de represión, cárcel y muerte.

Decimos que el flamenco viene a través de Alándalus, de los moriscos, porque, como ya hemos visto, muchas que sus palabras y expresiones nos ponen en la pista de la algarabía, la lengua andalusí. Porque hay que pertenecer a un pueblo muy antiguo y sabio para cantar una seguiriya, porque hay que padecer mucho para comunicar la pena y la fatiga que irradian ciertas letras.

El flamenco se gesta en los arrabales de Jerez, oculto entre sus gentes por miedo a un poder siempre dispuesto a castigar a lo diferente, a lo que en España se salía de unas estrictas normas de conducta que dictaba la Iglesia-Estado y ejecutaba la Inquisición. Flamenco de bodas y bautizos, de reuniones familiares, de faenas en el campo, de persecución y cárcel. Si el flamenco hubiera sido meramente un cante de gitanos, al estar estos ya asentados, lo habrían permitido. Sin embargo, el flamenco era un cante de moriscos, de ahí que quienes lo interpretaban estuvieran bajo sospecha de falsa conversión y su arte, una identidad hibernada.

Por otro lado, anteriormente nos preguntábamos: ¿si ya no existían oficialmente moriscos en España, por qué siguió la Inquisición tan atareada durante los siglos XVII y XVIII? Además, nos extraña mucho que, simultáneamente a la desaparición del morisco, a los gitanos les diera por asentarse en los arrabales de los pueblos del reino de Sevilla, cosa que ni antes ni después hicieron. También nos resulta curioso que las ciudades a las que más moriscos acudieron, coincidieran con las que tenían asentada más población gitana, hecho que mantiene hoy en día. Curiosidades que reafirman la opinión que el flamenco no es un cante de gitanos, sino de procedencia más antigua legada a través de lo andalusí.

Las Cortes de Cádiz abolieron la Inquisición en 1813 y, aunque tuvo un pequeño renacer, en veinte años desapareció para siempre de España. Esta circunstancia motivó que el flamenco pudiese salir de los círculos cerrados, ya no existía la institución represora y en el Estado comenzaban a entrar aires de mayor permisividad. El convulso siglo XIX avanzaba y retrocedía en las libertades ciudadanas: Las Cortes de Cádiz, Fernando VII, Riego, Torrijos, las Guerras Carlistas, la experiencia parlamentaria del reinado de Isabel II, la Gloriosa, la Primera República. En este ambiente, durante este siglo, fue asentando sus bases el flamenco que hoy conocemos. Cante que, como el conocimiento andalusí, se ha ido transmitiendo de maestro a alumno sin que existiese constancia pautada de cómo se debía interpretar. El único medio de aprendizaje consistía en retornar a las raíces y buscar a los maestros.

El XX será el siglo de la reafirmación del flamenco. Es entonces cuando el flamenco pasa de lo particular a lo público, el arte anónimo se convierte en personal y con el tiempo en profesional. Gracias a las grabaciones tenemos registros de cantes antiguos, se editan tratados de flamencología que ayudan a su conocimiento y difusión, nacen los cafés cantantes, se convocan festivales flamencos, se fundan en Jerez la Cátedra de Flamencología y el Centro Andaluz de Flamenco. Por todo ello, a partir de 1950, el flamenco pasó de ser sólo un espectáculo a convertirse, además, en objeto de estudio.

Podemos dividir el flamenco en tres grandes grupos. El primero es el llamado cante jondo, los cantes básicos, los que se dan entre Sevilla y Jerez. El segundo, los derivados del fandango andaluz y que suelen tener el nombre del lugar en el que se decanta. El tercero, los cantes aflamencados.

Por esto, el flamenco es una forma de expresión netamente andaluza del Bajo Guadalquivir, que se arraiga en los tiempos más remotos de esta cultura, que ha pervivido durante años en este pueblo, a veces oculto, otras exteriorizado, pero siempre presente. El flamenco no es un folclore al uso, es una mística que lleva a elaborar un rito que conduce a una ceremonia que sólo conocen los cabales.

Flamenco de un intérprete en solitario que, como un oficiante de una religión ancestral, se dirige a sus fieles para ejecutar una ceremonia tan antigua como el hombre.

Bibliografía

AA. VV.; «Los moriscos de Andalucía», *Andalucía en la Historia*, n° 4, Fundación Centro de Estudios Andaluces, Sevilla, 2004.

AA. VV.; «La Inquisición en Andalucía», *Andalucía en la Historia*, n° 8, Fundación Centro de Estudios Andaluces, Sevilla, 2005.

AA. VV.; *Navarra, 1936. De la esperanza al terror*, Alta-ffaylla Kultur Taldea.

AA. VV.; *Pequeña Gran Historia del Flamenco*, Diputación de Córdoba, Córdoba, 2001.

ALEJANDRE, J. A. y TORQUEMADA, J. M.; *Palabra de hereje. La Inquisición de Sevilla ante el delito de proposiciones*, Universidad de Sevilla, Sevilla, 1998.

ALMENDRO, Carlos; *Todo lo básico sobre el flamenco*, Mundi Libro, Barcelona, 1973.

ÁLVAREZ CABALLERO, Ángel; *Historia del cante flamenco*, Alianza, Madrid, 1981.—*Gitanos, payos y flamencos en los orígenes del flamenco*, Cinterco, Madrid, 1988.

Arrebola, Alfredo; *Cantes gitano-andaluces básicos*, Universidad de Cádiz, Cádiz.

Barrios, Manuel; *Ese difícil mundo del flamenco. Gitanos, moriscos y cante flamenco*, Universidad de Sevilla, Sevilla, 2000.

Barrios Aguilera, Manuel (editor); *Historia del Reino de Granada, II. La época morisca y la repoblación*, Universidad de Granada y el Legado Andalusí, Granada, 2000.

—*Granada morisca, la convivencia negada. Historia y textos*, Comares, Granada, 2002.

Blas Vega, J. y Ríos Ruiz, M.; *Diccionario Enciclopédico Ilustrado del Flamenco*, 2 vol., Cinterco, Madrid, 1988.

Caballero Bonald, José M.; *Luces y sombras del flamenco*, Lumen, Barcelona, 1997.

Caro Baroja, Julio; *Los moriscos del Reino de Granada. Ensayo de Historia*, Istmo, Madrid, 2000.

Cortés García, M.; *Pasado y presente de la música andalusí*, Fundación El Monte, Sevilla, 1996.

Cruces Roldán, Cristina (directora); *Historia del Flamenco*, Ediciones Tartessos, Sevilla, 2002.

—*El flamenco y la música andalusí*, Ediciones Carena, Barcelona, 2003.

Barón de Davillier, *Viaje por España*, Ediciones Giner, Madrid, 1991.

Domínguez Ortiz, Antonio; *Autos de la Inquisición de Sevilla, (siglo XVIII)*, Sevilla, 1981.—*Estudios de la Inquisición española*, Comares, Granada, 2010.—*Los judeoconversos en la España moderna*, Mapfre, Madrid, 1992.

Domínguez Ortiz, A. y Vicent, B.; *Historia de los moriscos. Vida y tragedia de una minoría*, Revista de Occidente, Madrid, 1978; Alianza, Madrid, 1984.

DONCEL ARANDA, Antonio; *Los moriscos en tierras de Córdoba*, Caja de Ahorros de Córdoba, 1984.

ESCUDERO, J. A.; *Perfiles jurídicos de la Inquisición española*, Universidad Complutense, Madrid, 1997.

GACTO FERNÁNDEZ, Enrique (editor); *El centinela de la fe*, Universidad de Sevilla, Sevilla, 1997.

GALÁN SÁNCHEZ, Ángel; *Los mudéjares del Reino de Granada*, Universidad de Granada, Granada, 1991.

GALMÉS DE FUENTES, Álvaro; «Las *jarchas* mozárabes y la tradición lírica romántica», *Lírica popular/Lírica tradicional*, Universidad de Sevilla, Fundación Machado, Sevilla, 1998.

GARCÍA BARRIUSO; *La música hispano-musulmana en Marruecos*, Larache, 1941.

GARCÍA DUARTE, F.; «El legado de al-Ándalus», *Amenara*, abril 2001.

GARCÍA GÓMEZ, Emilio; *Las jarchas romances de la serie árabe en su marco*, Sociedad de Estudios y Publicaciones, Madrid, 1965.

GARCÍA GÓMEZ, Génesis; *Cante flamenco, cante minero*, Antropos, Barcelona, 1993.

GARCÍA MATOS, Manuel; *Sobre el flamenco*, Cinterco, Madrid, 1987.

GARCÍA PEDRAZA, Amalia; *Actitudes ante la muerte en la Granada del siglo XVI. Los moriscos que quisieron salvarse*, 2 vol. Universidad de Granada, Granada, 2002.

GARRAD, K.; *La Inquisición y los moriscos granadinos (1526-1580)*, «Misceláneas de Estudios Árabes y Hebraicos», 1960.

GONZÁLEZ FERRÍN, Emilio; *Historia General de Al Ándalus*, Almuzara, Córdoba, 2006.

GRANDE, Félix; *Memoria del flamenco*, Espasa Calpe, Madrid, 1979.

Guettat, Mahmoud; *La Música andalusí en el Magreb*, Fundación El Monte, Sevilla, 1999.

Infante, Blas; *Orígenes de lo flamenco y secreto del cante jondo*, 1929-1931, editado por la Junta de Andalucía, Sevilla, 1980.

Kamen, H.; *La Inquisición española: una visión histórica*, Crítica, Barcelona, 1999.

Larrea, Arcadio; *El flamenco en su raíz*, Ed. Nacional, 1974.

Lebrón, Bernard; *El cante flamenco*, Cinterco, Madrid, 1991.

Lefranc, Pierre; *El cante jondo*, Universidad de Sevilla, Sevilla, 2000.

López Ruiz, Luis; *Guía del flamenco*, Istmo, Madrid, 1999.

Luna, José Carlos de; *De cante grande y cante chico*, Escelicer, Madrid, 1942.

Machado y Álvarez, Antonio (Demófilo); *Cantes flamencos*, Espasa Calpe, Madrid, 1975.

Martín Salazar, Jorge; *Los cantes flamencos*, Diputación de Granada, Granada, 1991.

Molina, Ricardo; *Misterios del arte flamenco*, Sagitario, Madrid, 1967.

Molina, Ricardo y Mairena, Antonio; *Mundos y formas del cante flamenco*, Revista de Occidente, Madrid, 1963.

Naranjo Loreto, Manuel; «La Nochebuena de Jerez: Imaginario estético de una fieta»; *Revista de Flamencología*, nº 29; Jerez, 2016.

Navarro, J. L.; *Cantes y bailes de Granada*, Arguval, Málaga, 1993.

Pemartín, Julián; *El cante flamenco*, Afrodisio Aguado; Madrid, 1966.—*Guía alfabética del cante flamenco*; Afrodisio Aguado; Madrid, 1966.

Perceval, J. M.; *Todos son uno. Arquetipos, xenofobia y racismo. La imagen del morisco en la Monarquía Española durante los siglos XVI y XVII*; Instituto de Estudios Almerienses, Almería, 1997.

Pérez-Villanueva, J. (Director); *La Inquisición española. Nueva visión, nuevos horizontes*; Editorial siglo XXI; Madrid, 1980.

Pérez-Villanueva, J. y Escandell, B.; *Historia de la Inquisición en España y América*, 2 vol. B.A.C.; Madrid, 2000.

Plata, Juan de la; *Flamencos de Jerez*; Cátedra de Flamencología; Jerez (Cádiz), 1961.

Poché, Christian; *La música Arábico-andaluza*; Akal ediciones; 1997.

Quiñones, Fernando; *El flamenco, vida y muerte*, Plaza y Janés, Barcelona, 1971.

Ríos Ruiz, Manuel; *Introducción al cante flamenco*, Istmo, Madrid, 1972.—*Historia y teoría del cante jondo*, Taller el Búcaro, Madrid, 1979.—*De cante y cantaores de Jerez*, Cinterco, Madrid, 1987.—*Ayer y hoy del flamenco*, Istmo, Madrid, 1997.

Rodríguez Ramos, Antonio Manuel (Antonio Manuel); *La huella morisca*, Almuzara, Córdoba, 2010.

Rossy, Hipólito; *Teoría del cante jondo*, Credsa, Barcelona, 1966.

Steingress, Gerard; *Sobre flamenco y flamencología*, Signatura Ediciones, Sevilla, 1998.

Triana, Fernando de; *Arte y artistas flamencos*, Helénica, Madrid, 1935.

Vallejo Nájera, Antonio; *Eugenesia de la hispanidad y regeneración de la raza*, Burgos, 1937.

Vega, Luis Antonio; «El baile de los pájaros que se acompañan con sus trinos», *Origen del Flamenco*.

OTROS TÍTULOS DEL AUTOR

JOSÉ RUIZ MATA
AL ÁNDALUS,
LA HISTORIA
QUE NO NOS
CONTARON
ALMUZARA

José Ruiz Mata
MANUAL
PARA ESCRIBIR
UNA BUENA
NOVELA
LA GUÍA PRÁCTICA E
IMPRESCINDIBLE PARA
ESCRIBIR UNA NOVELA
QUE ATRAPE AL LECTOR
DESDE LA PRIMERA A
LA ÚLTIMA PÁGINA
LA HISTORIA, LOS CONFLICTOS ENTRE PERSONAJES,
EL ESPACIO NARRATIVO, EL PUNTO DE VISTA DEL
NARRADOR, LA AMBIENTACIÓN ADECUADA, LA
COHERENCIA EN LOS DIÁLOGOS Y TODO LO QUE NECESITA
EL ESCRITOR PARA CONSTRUIR UNA BUENA NOVELA.
Berenice | MANUALES

MEGA-
LITISMO
Dólmenes y megalitos
en el sur de la Península Ibérica
JOSÉ RUIZ MATA
ALMUZARA

TARTESOS
OTRA MIRADA
¿FUE LA CULTURA TARTESIA
LA PRIMERA CIVILIZACIÓN OCCIDENTAL?
por
José Ruiz Mata

De Zoroastro a Cristo, de Buda a Mahoma... conocer la historia de las
religiones, es conocer la historia de la humanidad. Un libro fundamental
para entender la fascinante historia de los principales credos.
Eso NO ESTABA
en mi LIBRO de
HISTORIA de las
RELIGIONES
por
JOSÉ RUIZ MATA
ALMUZARA

Este libro se terminó de imprimir en su primera
edición el 30 de abril del 2021. Tal día del 1902,
en España, la campaña de vacunación contra la
viruela, realizada por el ayuntamiento de Murcia,
permite frenar la epidemia.